phrase book

Compiled by
**Michael Golding
& Benjawan Jai-Ua**

PERIPLUS

Published by Periplus Editions (HK) Ltd.,

wwwperiplus.com

Copyright © 2004 Periplus Editions (HK) Ltd.

All rights reserved. No part of this publication may be reproduced or utilized in any form or by any means, electronic or mechanical, including photocopying, recording, or by any information storage and retrieval system, without prior written permission from the publisher.

LCC Card No. 2003-113437
ISBN 978-0-7946-0039-6

Printed in Singapore

Distributed by:

Asia-Pacific
Berkeley Books Pte Ltd
61 Tai Seng Avenue #02-12
Singapore 534167
Tel: (65) 6280 1330; Fax: (65) 6280 6290
Email: inquiries@periplus.com.sg
www.periplus.com

Japan
Tuttle Publishing
Yaekari Bldg, 3F
5-4-12 Osaki, Shinagawa-ku,
Tokyo 141-0032, Japan
Tel: (81) 3 5437 0171; Fax: (81) 3 5437 0755
www.tuttle.co.jp

North America, Latin America & Europe
Tuttle Publishing
364 Innovation Drive
North Clarendon, VT 05759-9436, U.S.A.
Tel: 1 (802) 773 8930; Fax: 1 (802) 773 6993
Email: info@tuttlepublishing.com
www.tuttlepublishing.com

Indonesia
PT Java Books Indonesia
Kawasan Industri Pulogadung
Jl. Rawa Gelam IV No.9
Jakarta 13930, Indonesia
Tel: (62) 21 4682 1088
Fax: (62) 21 461 0206
Email: cs@javabooks.co.id

13 12 11 10
10 9 8 7 6 5

Contents

Introduction 5

Pronunciation guide 6

1 Useful lists 12–23

- **1.1** Today or tomorrow? 13
- **1.2** Legal holidays 14
- **1.3** What time is it? 16
- **1.4** One, two, three... 17
- **1.5** The weather 19
- **1.6** Here, there... 20
- **1.7** What does that sign say? 21
- **1.8** Telephone alphabet 22
- **1.9** Personal details 22

2 Courtesies 24–30

- **2.1** Greetings 25
- **2.2** How to ask a question 26
- **2.3** How to reply 28
- **2.4** Thank you 28
- **2.5** Sorry 29
- **2.6** What do you think? 29

3 Conversation 31–40

- **3.1** I beg your pardon? 32
- **3.2** Introductions 33
- **3.3** Starting/ending a conversation 35
- **3.4** Congratulations and condolences 35
- **3.5** A chat about the weather 35
- **3.6** Hobbies 36
- **3.7** Being the host(ess) 36
- **3.8** Invitations 36
- **3.9** Paying a compliment 37
- **3.10** Intimate comments/questions 38
- **3.11** Arrangements 39
- **3.12** Saying good-bye 39

4 Eating out 41–52

- **4.1** On arrival 43
- **4.2** Ordering 44
- **4.3** The bill 46
- **4.4** Complaints 46
- **4.5** Paying a compliment 47
- **4.6** The menu 47
- **4.7** List of drinks and dishes 48

5 On the road 53–65

- **5.1** Asking for directions 54
- **5.2** Customs 55
- **5.3** Luggage 56
- **5.4** Traffic signs 57
- *The parts of a car 58–59*
- **5.5** The car 60
- **5.6** The gas station 60
- **5.7** Breakdown and repairs 61
- *The parts of a bicycle 62–63*
- **5.8** The motorcycle/bicycle 64
- **5.9** Renting a vehicle 64
- **5.10** Hitchhiking 65

6 Public transportation 66–72

- **6.1** In general 67
- **6.2** Questions to passengers 68
- **6.3** Tickets 69

6.4	**I**nformation	70
6.5	**A**irplanes	71
6.6	**T**rains	72
6.7	**T**axis	72

7 **O**vernight accommodation 74–82

7.1	**G**eneral	75
	Camping equipment	*76–77*
7.2	**C**amping	78
7.3	**H**otel/B&B/apartment/ holiday rental	79
7.4	**C**omplaints	80
7.5	**D**eparture	81

8 **M**oney matters 83–85

8.1	**B**anks	84
8.2	**S**ettling the bill	85

9 **M**ail and telephone 86–90

9.1	**M**ail	87
9.2	**T**elephone	88

10 **S**hopping 91–99

10.1	**S**hopping conversations	93
10.2	**F**ood	94
10.3	**C**lothing and shoes	95
10.4	**P**hotographs and video	96
10.5	**A**t the hairdresser	98

11 **A**t the Tourist Information Center 100–105

11.1	**P**laces of interest	101
11.2	**G**oing out	103
11.3	**R**eserving tickets	104

12 **S**ports 106–108

12.1	**S**porting questions	107
12.2	**B**y the waterfront	107
12.3	**S**easide water/jet skiing	108

13 **S**ickness 109–115

13.1	**C**all (get) the doctor	110
13.2	**P**atient's ailments	110
13.3	**T**he consultation	111
13.4	**M**edication and prescriptions	114
13.5	**A**t the dentist	114

14 **I**n trouble 116–121

14.1	**A**sking for help	117
14.2	**L**oss	117
14.3	**A**ccidents	118
14.4	**T**heft	119
14.5	**M**issing person	119
14.6	**T**he police	120

15 **W**ord list 122–157

Grammar guide 158

Introduction

● **Welcome to the Periplus Essential Phrase Books series, covering the world's most popular languages and containing everything you'd expect from a comprehensive language series. They're concise, accessible and easy to understand, and you'll find them indispensable on your trip abroad.**

Each guide is divided into 15 themed sections and starts with a pronunciation guide which explains the phonetic pronunciation to all the words and phrases you'll need to know for your trip, while at the back of the book is an extensive word list and grammar guide which will help you construct basic sentences in your chosen language.

Throughout the book you'll come across colored boxes with a 🌀 beside them. These are designed to help you if you can't understand what your listener is saying to you. Hand the book over to them and encourage them to point to the appropriate answer to the question you are asking.

Other colored boxes in the book—this time without the symbol—give listings of themed words with their English translations beside them.

For extra clarity, we have put all English words and phrases in black, foreign language terms in **red** followed by their phonetic pronunciation.

This phrase book covers all subjects you are likely to come across during the course of your visit, from reserving a room for the night to ordering food and drink at a restaurant and what to do if your car breaks down or you lose your traveler's checks and money. With over 2,000 commonly used words and essential phrases at your fingertips you can rest assured that you will be able to get by in all situations, so let the Essential Phrase Book become your passport to a secure and enjoyable trip!

Pronunciation guide

You'll no doubt be wanting to dive straight in and get your Thai language working for you as quickly as possible. There are, however, some points to note, not the least of which is that Thai is a tonal language and has some sounds in it that might sound strange to the western ear. Hence the purpose of this section: firstly, to give you some idea as to how Thai is pronounced and, secondly, to show you how the tones work. This is a good point to ask your Thai friend to give some assistance with both pronunciation and tone—you'll note that this dictionary has every word in Thai script as well as a romanized phonetic Thai for exactly this purpose.

Romanized phonetic Thai

English is such a complex language to write—many vowel sounds can be produced using the letter 'e' for example (mother, women, they, he, etc.). Thai romanized phonetics, on the other hand, are straightforward once you learn the basic rules. It's worth pointing out that the system is important when Thai is 'written' in English. Even the word *Thai* itself shows this: the *h* represents an expelling of air after the *t*. It is not 'thigh'! There are six new consonants and vowels to learn and a re-jigging of some old ones—we'll place them in slash marks for now to show they are in romanized phonetic Thai; however, the words in the dictionary are given without the slashes. The new vowels are aeh (air), aw (or), oeh (er) and ueh (ueh). All these are explained in more detail below.

Vowels

Standard five. The main point to note is that the five Thai vowels (a e i o u) are pronounced as in Spanish or Italian: /aa/ *car*, /eh/ *hey*, /ii/ *free*, /oh/ *oh*, and /uu/ *true*; they are written doubly to show that they are pronounced long. They are all pure vowels, so shouldn't have traces of other vowels creeping in. Ask your Thai friend to pronounce them for you, and note that the /oh/ requires the lips to be brought forward somewhat.

New ones. For the four new ones, try to mimic your friend as much as possible. Some of the sounds may be quite funny, so make the most of them! /aeh/ is pronounced as in *tare*; /aw/ as in *born*, but without sounding the 'r'; /oeh/ as in *skirt*, but feel it under your chin; and /ueh/ is said by imagining there's a twig across your mouth, by clenching your teeth and making *ueh* noises! You'll get them easily with practice. Just have a go, and try to closely copy your friend's pronunciation.

Mixed vowels. There are many vowel combinations, but they sound as you see them. Have your friend say the following combinations for you (short and long) and try to mimic the sounds:

with a :   /ia/   /ua/   /uea/
with o :   /ao/   /eo/   /aeo/   /iao/
with i :   /ai/   /oi/   /awi/   /oei/   /ui/   /uai/   /ueai/
with u :   /iu/ (sounds like the 'ew' in *few*)

Consonants

End sounds—live or sonorant. These sounds are pronounced just as in English; they are 'live', so are easy to say. Try /man/, /mang/, /mam/, /mai/ (rhymes with *Thai*) and /mao/ (as in *mouth*).

End sounds—stops. Thai stop sounds are not 'pronounced', they just finish or stop. For example, say /mat/, but leave your tongue on the roof of your mouth as you get to the *t*. The same for /mak/, /map/ and a new ending: /maa/ which is produced by just leaving the mouth open after starting.

Initial sounds. The majority of Thai starting sounds are like those in English, with a few missing and a couple tossed in. However, the romanized phonetics treat some letters differently from what you may be used to. The /c/ is similar to a *j*, and /k/ is pronounced like a *g* to help it match a pattern. That pattern is given next.

Is there air produced or not? Place your palm in front of your mouth and say *tie* (quite hard and distinctly) and then *die*. You should feel a puff of air for the first word—we show this with an h after the letter. So /thai/ as in *tie*, /khai/ as in *kite* and /phai/ as in *pie* all give a puff of air and are called aspirated letters. Those which do not produce as much air (if any) are /dai/ as in *die*, /kai/ as in *guy* and /pai/ as in *by*, but not voiced and with the lips pressed together to start. /p/ is one of the two new-sound consonants.

New-sound consonants. Thai has two new sounds: /p/ and /t/, which appear between /ph/ and /b/, and between /th/ and /d/ respectively. To help hear the difference, note that /b/ and /d/ are 'voiced'—you have to voice a sound to say them.

The /ph/ and /th/ are like the English *p* in *possible* and *t* in *terrific*. They are certainly not pronounced as in *phone* or *thing*! So, we note that Phuket in the south of Thailand is actually pronounced /phuukèt/ (*poohget*)!

The phonetic /p/ is pronounced by starting with the lips slightly pressed together (as some people show when dissatisfied), then 'explode' them open and say /puu/ (rhymes with *zoo*), which means a crab.

The /t/ is pronounced by starting with the tongue pressed behind the front teeth, then released to say the word. Try /tii/ (rhymes with *see*), which means to hit.

Practice, practice, practice these new consonants by saying /ph/, /p/, /b/ over and over to feel the difference on your lips. Do the same for /th/, /t/ and /d/. It helps to give them a vowel like /ii/ (as with /tii/) /uu/ or better /aw/, as this is the vowel the Thais give them.

Tones

English has tones, but you may not have noticed them. We use them to extend meaning, but the word itself doesn't change. For example, Mum wants to call James back home after he has run up the street: "/céh-ehms/!". James arrives, covered in dust: "/cêhms/! Where've you been?". The matter is still about James, but the intonation suggests a different meaning. In Thai, a change in intonation will change the meaning of a word, for example, from close to far, and from being pretty to being bad luck!

Thai has five tones: mid, low, falling, high and rising. After the mid tone (no mark), these are represented by the symbols `, ^, ´ and ˇ. Rising and falling tones are the most important. For a rising tone, start low and raise the pitch of your voice. Suppose someone has called you and you respond 'me-ee' or /mǐi/ (a bear) in the romanized phonetics as you question whether they mean you or not. To make a falling tone, start high in pitch and drop it, like throwing a pebble away from you as in 'wow!' which would be /wâo/ (a strung kite) in phonetics. You'll get used to the low, mid and high tones as you go. Ask your Thai friend to show you and, once again, practice, practice.

Some Thai word examples

Short or long vowels. Thai vowels can be either short or long. In romanized phonetic Thai, short vowels are represented by a single letter, long vowels by double letters, for example:

/lék/ (to be small), /lêhk/ (number)

/láe/ (and), /laeh/ (to look)

/khim/ (Kim), /khiim/ (pliers)

/khong/ (probably), /khóhng/ (to be curved)

/lóe/ (to be messy), /lôehk/ (to finish up)

/lúk/ (to get up), /lûuk/ (son, daughter)

/khûen/ (to go up), /khuehn/ (to give back)

8

Initial consonants. There are some differences in pronunciation: the h showing aspiration; /c/ for a *j*; /k/ for a *g*; and the new sounds /p/ and /t/. However, the rest of the consonants are as said in English—any tiny differences are attributable to accent, and we all have an accent of some form or other! There is one tricky one: /ng/, which sounds like the *ng* in the middle of *singing*. Look at and study the following examples carefully:

/khohn/ (base of a tree; pronounced *cone*), /kohn/ (to shave; pronounced *goan*)

/phâi/ (cards; pronounced like *pie*, but with a falling tone), /pai/ (to go; pronounced by exploding the lips and sounding something like the *py* in *spy*)

/thaang/ (a way or path; pronounced *tarng* but without the *r* sounded), /tàang/ (to differ; same vowel, but the initial consonant pronounced with the tongue from behind the teeth and the tone going low)

/ìm/ (to be full; pronounced like *him* without the *h* and with a low tone)

/ciin/ (Chinese; pronounced *jean*, but the *j* is actually more like *tj*)

/nguu/ (snake; pronounced *ngoo* to rhyme with *zoo*)

Different tones. Standard Thai tones can be represented in pitch as follows:

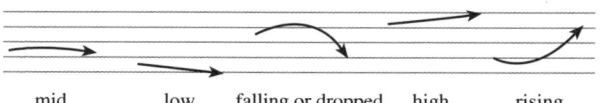

| mid | low | falling or dropped | high | rising |

Thais understand the five tones as being in this order, and counted 0, 1, 2, 3 and 4. Ask your Thai friend to say /maa/ /màa/ /mâa/ /máa/ /mǎa/ (มา หม่า ม่า ม้า หมา). The first, fourth and fifth words mean come, horse, dog. There's a favorite Thai noodle called /maa mâa/. You'll get there with practice!

The following sentence uses words that all have a mid tone:

/mii/ /khon/ /thoh/ /maa/ /wan/ /can/
someone phoned on Monday
มีคนโทร.มาวันจันทร์

These examples have a low tone:

/dèk/ /yàak/ /àan/ /khào/ /bài/ /sìi/
the child wants to read the news at four o'clock
เด็กอยากอ่านข่าวบ่ายสี่

These have a falling tone:

/mâe/ /mâi/ /dâi/ /wâa/ /hâi/ /nîip/
Mum didn't say to hurry
แม่ไม่ได้ว่าให้รีบ

These words have a high tone:

/kháo/ /mák/ /khít/ /cháa/ /tháng/ /cháo/
they usually think slowly all morning
เขามักคิดช้าทั้งเช้า

These words have a rising tone:

/nǔu/ /thǎam/ /mǎw/ /sǎwng/ /sǎam/ /hǒn/
the kid asked the doctor a few times
หนูถามหมอสองสามหน

Final consonants. Last of all, there is the matter of final consonants. Some Thais say that their language has 'no final sou-;' but there *are* final consonants, even though sometimes they're hard to make out. The stops: /p/ /t/ and /k/ may take time to hear. Once you can pronounce them, you'll start to hear them yourself (and vice versa!).

The words below are arranged into groups of final consonants — try to say them the 'Thai' way:

/p/: /kòp/ (a frog), /tàwp/ (to answer), /bìip/ (to squeeze), /sàwp/ (to test)

/t/: /kòt/ (to press), /tàt/ (to cut), /bàat/ (baht), /sǎmphâat/ (to interview)

/k/: /kók/ (a tap), /tòk/ (to fall), /bòehk/ (to withdraw money), /sák/ (to wash clothes)

no final /kâw/ (well…), /tò/ (table), /bàw/ (cushion), /sà [náam]/ (swimming pool)

/m/: /kôm/ (bend over), /taam/ (to follow), /bǔm/ (dented), /sâwm/ (fork)

/n/: /khon/ (person), /thon/ (to put up with), /bun/ (merit, virtue), /sǎwn/ (to teach)

/ng/: /khong/ (probably), /thíng/ (to throw away), /baang/ (to be thin), /sòng/ (to send)

/o/: /khâo/ (to enter), /thâo/ (to equal), /bao/ (lightweight), /sǎo/ (young woman)

/i/: /khwai/ (water buffalo), /thǎi/ (to reverse), /bài/ (often), /sài/ (to put on)

Words and choice

The phrases in this book are straightforward once you've grasped the romanized phonetics but a few points of words and choice need to be noted and understood as you use the book.

Male or female speaking

Thais use special words to assist the relationship between those speaking and to show gender. In this book, usage alternates for variety and to show how the words are used. For example, males use phŏm for 'I' or 'me,' while females use dichán. The word chán is common to both genders, but try to use phŏm or dichán instead, as chán has overtones of higher status which might best be avoided.

You will see that Thais also add gender-specific words to the end of their phrases. Females generally say khâ after a statement and khá after a question, while males say khráp (or khráp–phŏm) after both. If you are male, learn to say phŏm for 'I,' and khráp after your words to gain rapport and respect. If you are female, say dichán for 'I,' and use khá or khâ as described. Look through this phrase book to find many examples of this usage—and males are not always placed first.

Choices

There are word choices in many of the examples, each is marked with a '/.' As with phŏm/dichán and khráp/khâ, only one part should be used. The words are clear when whole phrases are given as alternatives as in nîi làe/thŭeng láeo (here we are, we're here), but with longer phrases the choice is marked in italics, e.g. khàp *reo khŭen/cháa long* nàwi dâi mái khráp (Could you *speed up/slow down* a little?), where the choice is between reo khŭen and cháa long. Note that the words of choice are separated out by a space in the Thai script.

Useful lists

1.1 Today or tomorrow? 13

1.2 Legal holidays 14

1.3 What time is it? 16

1.4 One, two, three... 17

1.5 The weather 19

1.6 Here, there... 20

1.7 What does that sign say? 21

1.8 Telephone alphabet 22

1.9 Personal details 22

Useful lists

1.1 **T**oday or tomorrow?

What day is it today?	วันนี้วันอะไร
	wan níi wan arai
Today's Monday	วันนี้วันจันทร์
	wan níi wan can
– Tuesday	วันอังคาร
	wan angkhaan
– Wednesday	วันพุธ
	wan phút
– Thursday	วันพฤหัสบดี
	wan pharúehàt
– Friday	วันศุกร์
	wan sùk
– Saturday	วันเสาร์
	wan săo
– Sunday	วันอาทิตย์
	wan aathít
in January	เดือนมกราคม
	duean mókkaraakhom
since February	ตั้งแต่เดือนกุมภาพันธ์
	tâng tàeh duean kumphaaphan
in spring	ในฤดูใบไม้ผลิ
	nai rúeduu bai mái phlì
in summer	ในฤดูร้อน
	nai rúeduu ráwn
in autumn	ในฤดูใบไม้ร่วง
	nai rúeduu bai mái rûang
in winter	ในฤดูหนาว
	nai rúeduu năo
2003	ค.ศ. สองพันสอง
	khaw săw săwng phan săam
the twentieth century	ศตวรรษที่ยี่สิบ
	sàttawát thîi yîi sìp
the twenty-first century	ศตวรรษที่ยี่สิบเอ็ด
	sàttawát thîi yîi sìp èt
What's the date today?	วันนี้วันที่เท่าไหร่
	wan níi wan thîi thâorài
Today's the 24th	วันนี้วันที่ยี่สิบสี่
	wan níi wan thîi yîi sìp sìi
Monday 3 November	วันจันทร์ที่สามเดือนพฤศจิกายน
	wan can thîi săam duean phrúetsacìkaayon
in the morning	ตอนเช้า
	tawn cháo
in the afternoon	ตอนบ่าย
	tawn bài
in the evening	ตอนเย็น
	tawn yen
at night	ตอนกลางคืน
	tawn klaang khuehn
this morning	เช้านี้
	cháo níi
this afternoon	บ่ายนี้
	bàii níi

Useful lists

1

this evening	_____	เย็นนี้
		yen níi
tonight	_____	คืนนี้
		khuehn níi
last night	_____	เมื่อคืนนี้
		mûea khuehn níi
this week	_____	สัปดาห์นี้
		sàpdaa níi
next month	_____	เดือนหน้า
		duean nâa
last year	_____	ปีที่แล้ว
		pii thîi láeo
next...	_____	...หน้า
		...nâa
in...days/weeks/	_____	ใน...วัน/สัปดาห์/เดือน/ปี
months/years		nai...wan/sàpdaa/ducan/pii
...weeks ago	_____	...สัปดาห์ที่แล้ว
		...sàpdaa thîi láeo
day off	_____	วันหยุด
		wan yùt

1.2 Legal holidays

● **The most important legal holidays** in Thailand for 2004 are the following (those marked with a † change from year to year):

January 1 New Year's Day   วันปีใหม่
    wan pii mài

†March 5 Maka Puja:
the day 1250 of Buddha's
disciples miraculously gathered
and heard a first sermon   วันมาฆบูชา
    wan maakhá buuchaa

April 6 Chakri Day: the day
of the founding of the present
king's dynasty in 1769   วันจักรี
    wan càkrii

†April 10, 11 Easter and Easter
Monday: not celebrated outside
Christian circles   เทศกาลอีสเตอร์และอีสเตอร์มันเดย์
    thêhtsàkaan iisatôeh láe iisatôeh mandeh

April 13-15 Songkran festival;
Chiang Mai New Year festival:
days that are the hottest and
driest of the year, celebrated
with water throwing   วันสงกรานต์
    wan sǒngkraan

May 5 Coronation Day:
the crowning day of the present
king: King Bhumibol Adulyadej;
high-ranking government officials
pay their respects to the king at
the Grand Palace   วันฉัตรมงคล
    wan chàt mongkhon

†May 7 Royal Ploughing
Ceremony Day: an auspicious
Hindu-Brahman ceremony
held at Sanam Luang (Pramane   วันพืชมงคล
    wan phûeht mongkhon

Ground) that marks the beginning of the rice-planting season

†**June 2** Visakha Puja: a very important Buddhist holiday marking the birth, enlightenment and death of Buddha; candle-lit processions occur at Thai temples

วันวิสาขบูชา
wan wísǎakhà buuchaa

†**July 31** Asalaha Puja: the beginning of the Buddhist lent. Every Thai Buddhist male spends at least three months as a monk. Lent is often the period chosen, as its three months occur over the rainy season when monks are to remain in their temples

วันอาสาฬหบูชา
wan aasǎanhà buuchaa

†**August 1** Buddhist Lent Day: when monks enter a 'rains retreat', staying in their temples to strictly attend to religious duties

วันเข้าพรรษา
wan khâo phansǎa

August 12 H.M. Queen's Birthday: Queen Sirikit, the king's consort's official birthday. The Queen makes offering to monks at Chitlada Palace, the royal residence

วันเฉลิมพระชนมพรรษา สมเด็จพระนางเจ้าฯ พระบรมราชินีนาถ
wan chalǒehm phrá-chonamá phansǎa sǒmdèt phrá-naang-câo phrá-boromáráatchinii-nâat

October 23 Chulalongkorn Day: celebrates the death of King Chulalongkorn: Rama V

วันปิยมหาราช
wan piyá mahǎarâat

†**October 28** Ork Phansa; marks the end of the rains retreat and the start of the *kathin* period when people present new saffron robes to the monks

วันออกพรรษา
wan àwk phansǎa

November 26 Loi Krathong: a beautiful Thai water festival offering the opportunity to see your cares and woes 'float away' in a krathong made of leaves, a candle, some coins and flower petals

วันปิยมหาราช
wan lawi krathong

December 5 H.M. King's Birthday: best celebrations occur around the Grand Palace and along Ratchadamnoen Avenue

วันเฉลิมพระชนมพรรษา พระบาทสมเด็จพระเจ้าอยู่หัว
wan chalǒehm phrá-chonamá phansǎa phrá-bàat sǒmdèt phrá-câo yùu hǔa

December 10 Constitution Day

วันรัฐธรรมนูญ
wan rátthàthammánuun

December 25 Christmas Day: not a Thai festival, but many shops in the larger cities recognize the celebration of Christmas for the traveler

วันคริสต์มาส
wan khrís(t)mâat

December 31 New Year's Eve: celebrated as the end of the year for most Thai matters (the old Thai New Year is celebrated at Songkran)

วันสิ้นปี
wan sîn pii

1.3 What time is it?

What time is it?	กี่โมงแล้ว	kìi mohng láeo
It's nine o'clock	เก้าโมงเช้า	kâo mohng cháo
– five past ten	สิบโมงห้านาที	sìp mohng hâa naathii
– a quarter past eleven	สิบเอ็ดโมงสิบห้านาที	sìp èt mohng sìp hâa naathii
– twenty past twelve	เที่ยงยี่สิบ	thîang yîi sìp
– half past one	บ่ายโมงครึ่ง	bài mohng khrûeng
– twenty-five to three	บ่ายสองโมงสามสิบห้านาที	bài sǎwng mohng sǎam sìp hâa naathii
– a quarter to four	บ่ายสามโมงสี่สิบห้า	bài sǎam mohng sìi sìp hâa
– ten to five	บ่ายสี่โมงห้าสิบ	bài sìi mohng hâa sìp
– It's midday (twelve noon)	เที่ยงวัน	thîang wan
– It's midnight	เที่ยงคืน	thîang khuehn
half an hour	ครึ่งชั่วโมง	khrûeng chûamohng
What time?	กี่โมง	kìi mohng
What time can I come by?	ฉันมาได้ตอนกี่โมง	chán maa dâi tawn kìi mohng
At...	ตอน...	tawn
After...	หลัง...	lǎng
Before...	ก่อน...	kàwn
Between ... and ... (o'clock)	ระหว่าง... กับ... (นาฬิกา/โมง)	ra-wàang... kàp... (naalíkaa/mohng)
From...to...	จาก...ถึง...	càak...thǔeng...
In...minutes	ใน...นาที	nai...naathii
– an hour	หนึ่งชั่วโมง	nùeng chûamohng
– ...hours	...ชั่วโมง	...chûamohng
– a quarter of an hour	สิบห้านาที	sìp hâa naathii
– three quarters of an hour	สี่สิบห้านาที	sìi sìp hâa naathii
too early/late	เร็วไป/ช้าไป	reo pai/cháa pai
on time	ตรงเวลา	trong wehlaa
summertime (daylight saving)	เวลาในฤดูร้อน (เดย์ไลท์เซฟวิ่ง)	wehlaa nai rúeduu ráwn (delai(t) sehfing)

wintertime _____ เวลาในฤดูหนาว
wehlaa nai rúeduu nǎo

1.4 One, two, three...

0 _____	ศูนย์	sǔun
1 _____	หนึ่ง	nùeng
2 _____	สอง	sǎwng
3 _____	สาม	sǎam
4 _____	สี่	sìi
5 _____	ห้า	hâa
6 _____	หก	hòk
7 _____	เจ็ด	cèt
8 _____	แปด	pàeht
9 _____	เก้า	kâo
10 _____	สิบ	sìp
11 _____	สิบเอ็ด	sìp èt
12 _____	สิบสอง	sìp sǎwng
13 _____	สิบสาม	sìp sǎam
14 _____	สิบสี่	sìp sìi
15 _____	สิบห้า	sìp hâa
16 _____	สิบหก	sìp hòk
17 _____	สิบเจ็ด	sìp cèt
18 _____	สิบแปด	sìp pàeht
19 _____	สิบเก้า	sìp kâo
20 _____	ยี่สิบ	yîi sìp
21 _____	ยี่สิบเอ็ด	yîi sìp èt
22 _____	ยี่สิบสอง	yîi sìp sǎwng
30 _____	สามสิบ	sǎam sìp
31 _____	สามสิบเอ็ด	sǎam sìp èt
32 _____	สามสิบสอง	sǎam sìp sǎwng
40 _____	สี่สิบ	sìi sìp
50 _____	ห้าสิบ	hâa sìp
60 _____	หกสิบ	hòk sìp
70 _____	เจ็ดสิบ	cèt sìp
80 _____	แปดสิบ	pàeht sìp
90 _____	เก้าสิบ	kâo sìp
100 _____	หนึ่งร้อย	nùeng ráwi
101 _____	(หนึ่ง) ร้อยหนึ่ง	(nùeng) ráwi nùeng, ráwi èt
110 _____	(หนึ่ง) ร้อยสิบ	(nùeng) ráwi sìp
120 _____	(หนึ่ง) ร้อยยี่สิบ	(nùeng) ráwi yîi sìp
200 _____	สองร้อย	sǎwng ráwi
300 _____	สามร้อย	sǎam ráwi
400 _____	สี่ร้อย	sìi ráwi
500 _____	ห้าร้อย	hâa ráwi
600 _____	หกร้อย	hòk ráwi
700 _____	เจ็ดร้อย	cèt ráwi
800 _____	แปดร้อย	pàeht ráwi
900 _____	เก้าร้อย	kâo ráwi
1,000 _____	หนึ่งพัน	nùeng phan
1,100 _____	หนึ่งพันหนึ่งร้อย	nùeng phan nùeng ráwi
2,000 _____	สองพัน	sǎwng phan

Useful lists

Useful lists

10,000	หนึ่งหมื่น	nùeng mùehn
100,000	หนึ่งแสน	nùeng săehn
1,000,000	หนึ่งล้าน	nùeng láan
1st	ที่หนึ่ง	thîi nùeng
2nd	ที่สอง	thîi săwng
3rd	ที่สาม	thîi săam
4th	ที่สี่	thîi sìi
5th	ที่ห้า	thîi hâa
6th	ที่หก	thîi hòk
7th	ที่เจ็ด	thîi cèt
8th	ที่แปด	thîi pàeht
9th	ที่เก้า	thîi kâo
10th	ที่สิบ	thîi sìp
11th	ที่สิบเอ็ด	thîi sìp èt
12th	ที่สิบสอง	thîi sìp săwng
13th	ที่สิบสาม	thîi sìp săam
14th	ที่สิบสี่	thîi sìp sìi
15th	ที่สิบห้า	thîi sìp hâa
16th	ที่สิบหก	thîi sìp hòk
17th	ที่สิบเจ็ด	thîi sìp cèt
18th	ที่สิบแปด	thîi sìp pàeht
19th	ที่สิบเก้า	thîi sìp kâo
20th	ที่ยี่สิบ	thîi yîi sìp
21st	ที่ยี่สิบเอ็ด	thîi yîi sìp èt
22nd	ที่ยี่สิบสอง	thîi yîi sìp săwng
30th	ที่สามสิบ	thîi săam sìp
100th	ที่หนึ่งร้อย	thîi nùeng ráwi
1,000th	ที่หนึ่งพัน	thîi nùeng phan
once	หนึ่งที, ทีหนึ่ง	nùeng thii, thii nùeng
twice	สองที	săwng thii
double	สองเท่า	săwng thâo
triple	สามเท่า	săam thâo
half	ครึ่ง	khrûeng
a quarter	เศษหนึ่งส่วนสี่	sèht nùeng sùan sìi
a third	หนึ่งในสาม	nùeng nai săam
some/a few	บาง/สองสาม	baang/săwng săam

2 + 4 = 6 — สองบวกสี่ เท่ากับ หก
săwng bùak sìi thâo kàp hòk

4 − 2 = 2 — สี่ลบสอง เท่ากับ สอง
sìi lóp săwng thâo kàp săwng

2 x 4 = 8 — สองคูณสี่ เท่ากับ แปด
săwng khuun sìi thâo kàp pàeht

4 ÷ 2 = 2 — สี่หารด้วยสอง เท่ากับ สอง
sìi hăan dûai săwng thâo kàp săwng

even/odd — เลขคู่/เลขคี่
lêhk khûu/lêhk khîi

total — ทั้งหมด
tháng mòt

6 x 9 — หกคูณเก้า
hòk khuun kâo

1.5 The weather

Is the weather going to be good/bad?	อากาศจะ ดีขึ้น/เลวลง aakàat ca *dii khûen/leo long*
Is it going to get colder/hotter?	มันจะ เย็นลง/ร้อนขึ้น man ca *yen long/ráwn khûen*
What temperature is it going to be?	อุณหภูมิจะเท่าไหร่ unhàphuum ca thâoràì
Is it going to rain?	ฝนจะตกไหม fŏn ca tòk mái
Is there going to be a storm?	จะมีพายุไหม ca mii phaayú mái
Is it going to flood?	น้ำจะท่วมไหม náam ca thûam mái
Is it going to be humid?	อากาศจะอบอ้าวไหม aakàat ca òp âo mái
Is it going to be cloudy?	จะมีเมฆมากไหม ca mii mêhk mâak mái
Is it going to be foggy?	หมอกจะลงไหม màwk ca long mái
Is there going to be a thunderstorm?	จะมีฝนฟ้าคะนองไหม ca mii fŏn fáa khánawng mái
The weather's changing	อากาศกำลังเปลี่ยน aakàat kamlang plìan
It's going to be cold	อากาศจะเย็น aakàat ca yen
What's the weather going to be like today/tomorrow?	อากาศจะเป็นอย่างไร วันนี้/พรุ่งนี้ aakàat ca pen yang-ngai *wan níi/phrûng níi*

เย็นยะเยือก	bleak
มืดมัว	cloudy
... องศา	... degrees
หมอก/หมอกจัด	fog/foggy
ลูกเห็บ	hail
อบอ้าว	humid
อากาศไม่จัด	mild
ไม่มีหิมะตก	no snow falls
ฝนตกเป็นบางแห่ง	scattered showers
ลมแรง	strong winds
ร้อนอบอ้าว/เปียกขึ้น	sweltering/muggy
แจ่มใส	clear
เย็นและชื้น	cold and damp
ฝนตกหนัก	downpour
น้ำค้างแข็ง	frost/frosty
คลื่นความร้อน	heatwave
พายุเฮอริเคน	hurricane
ปานกลาง/แรง/มาก	moderate/strong/very strong winds
มีน้ำค้างแข็งตอนกลางคืน	overnight frost
อึดอัด	stifling
แดดออก	sunny
ร้อนมาก	very hot
ฟ้าใส/เมฆครึ้ม/ฝนจะตก	clear skies/cloudy/overcast
เย็นสบาย	cool
อากาศดี	fine
ลมกรรโชก	gusts of wind
ฝนตกหนัก	heavy rain
ฝนตกเบา	light rain
มรสุม	monsoon
ฝนตก	rain
พายุ	storm
วันแดดออก	sunny day
ลม	wind

1.6 Here, there...

See also 5.1 Asking for directions

here, over here / there, over there	ที่นี่, ตรงนี้/ที่นั่น, ตรงนั้น	thîi nîi, trong nîi/thîi nân, trong nân
somewhere/nowhere	สักแห่ง/ไม่มีสักแห่ง	sák hàeng/mâi mii sák hàeng
everywhere	ทุกแห่ง	thúk hàeng
far away/nearby	ไกล/ใกล้	klai/klâi
(on the) right/(on the) left	ทางขวา/ทางซ้าย	thaang khwǎa/thaang sái
to the right/left of	อยู่ข้างขวา/ข้างซ้าย ของ...	yùu *khâng khwǎa/khâng sái* khǎwng...
straight ahead	ตรงไป	trong pai
via	ผ่าน	phàan
in/to	ใน/ไปยัง	nai/pai yang
on	บน	bon
under	ใต้	tâi
against	ตรงข้าม	trong khâam
opposite/facing	ตรงข้าม/ตรงข้ามกับ	trong khâam/trong khâam kàp
next to	ติดกับ	tìt kàp
near	ใกล้	klâi
in front of	ข้างหน้า	khâng nâa
in the center	ตรงกลาง	trong klaang
forward	ไปข้างหน้า	pai khâng nâa
down	ลง	long
up	ขึ้น	khûen
inside	ข้างใน	khâng nai
outside	ข้างนอก	khâng nâwk
behind	ข้างหลัง	khâng lǎng
at the front	ข้างหน้า	khâng nâa
at the back/in line	ที่ข้างหลัง	thîi khâng lǎng
in the north	ทางเหนือ	thaang nǔea

to the south	ทางใต้	
	thaang tâi	
from the west	จากทางตะวันตก	
	càak thaang ta-wan tòk	
from the east	จากทางตะวันออก	
	càak thaang ta-wan àwk	
to the ... of	อยู่ทาง...ของ	
	yùu thaang...khǎwng...	

1.7 What does that sign say?

See 5.4 Traffic signs

ให้เช่า	for hire
น้ำร้อน/เย็น	hot/cold water
(ไม่ใช่) น้ำดื่ม	(no) drinking water
ให้เช่า	for rent
โรงแรม	hotel
หยุด	stop
ไฟฟ้าแรงสูง	high voltage
เปิด	open
ระวังสุนัขดุ	beware of the dog
อันตราย	danger
ที่ขายตั๋ว	ticket office
ตำรวจ	police
ที่แลกเปลี่ยน	exchange
คนเก็บเงิน	cashier
ปิด (วันหยุด/ปรับปรุง)	closed (for holiday/refurbishment)
ห้ามล่าสัตว์/ตกปลา	no hunting/fishing
ขายแล้ว	sold out
เบรคฉุกเฉิน	emergency brake
ไม่ใช้แล้ว	not in use
ห้องน้ำ	bathrooms
เสีย	out of order
ขาย	for sale
ข้อมูล	information
ทางเข้า (ฟรี)	entrance (free)
กรุณาอย่ารบกวน/จับ	please do not disturb/touch
ไม่ว่าง	engaged
ตารางเวลา	timetable
โรงพยาบาล	hospital
คนเดินเท้า	pedestrians
อันตราย/อันตรายจากไฟ/อันตรายต่อชีวิต	danger/fire hazard/danger to life
เต็ม	full
จอง	reserved
ห้องพักรอ	waiting room
บันไดหนีไฟ/บันไดเลื่อน	fire escape/escalator
ผลัก	push
ดึง	pull
สำนักงานข้อมูลนักทัศนาจร	tourist information bureau
ไปรษณีย์	post office
ทางออก(ฉุกเฉิน)	(emergency) exit
ขาย	for sale
สียังไม่แห้ง	wet paint
งดสูบบุหรี่/งดทิ้งขยะ	no smoking/no litter
ห้ามเข้า/ห้ามเข้า	no access/no entry
หน่วยดับเพลิง	fire department
ตำรวจ(เทศบาล)	(municipal) police
ตำรวจจราจร	traffic police
ปฐมพยาบาล/อุบัติเหตุและเหตุฉุกเฉิน(โรงพยาบาล)	first aid/accident and emergency (hospital)
ทางเข้า	entrance

Useful lists

1.8 Telephone alphabet

Pronouncing the alphabet: Thais use the English names to refer to the letters of the Roman alphabet:

a (eh) _____	เอ	eh
b (bee) _____	บี	bii
c (see) _____	ซี	sii
d (dee) _____	ดี	dii
e (ee) _____	อี	ii
f (eff) _____	เอฟ	èf
g (jee) _____	จี	cii
h (hait) _____	เอช	èht
i (ai) _____	ไอ	ai
j (jay) _____	เจ	ceh
k (kay) _____	เค	kheh
l (el) _____	แอล	aehl
m (em) _____	เอ็ม	em
n (en) _____	เอ็น	en
o (o) _____	โอ	oh
p (pee) _____	พี	phii
q (kew) _____	คิว	khiu
r (ah) _____	อาร์	aa
s (ess) _____	เอส	ès
t (tee) _____	ที	thii
u (yew) _____	ยู	yuu
v (vee) _____	วี	wii
w (doubleyew) _____	ดับเบิลยู	dàbboenyuu
x (ex) _____	เอ็กซ์	èk
y (wai) _____	วาย	wai
z (zet) _____	เซ็ด	séd

1.9 Personal details

surname _____ นามสกุล
naam sakun

first name _____ ชื่อตัว
chûeh tua

initials _____ ชื่อย่อ
chûeh yâw

address (street/ _____ ที่อยู่ (ถนน/บ้านเลขที่)
number) thîi yùu (thanŏn/bâan lêhk thîi)

postal (zip) code/town _____ เมือง/รหัสไปรษณีย์
mueang/rahàt praisanii

sex (male/female) _____ เพศ (ชาย/หญิง)
phêht (chai/yĭng)

nationality/citizenship _____ สัญชาติ/เชื้อชาติ
sănchâat/chúea chât

date of birth _____ วันเดือนปีเกิด
wan duean pii kòeht

place of birth _____ สถานที่เกิด
sathăan thîi kòeht

occupation _____ อาชีพ
aachîip

22

marital status _____	สถานภาพสมรส
	sathăanáphâap sŏmrót
married, single _____	แต่งงาน/โสด
	tàeng-ngaan/sòht
widowed _____	ม่าย
	mâi
(number of) children _____	ลูก (จำนวน) คน
	lûuk (camnuan) khon
– two children_____	ลูกสองคน
	lûuk săwng khon
passport/identity card/driving license number _____	หนังสือเดินทาง/บัตรประจำตัว/เลขที่ใบขับขี่
	nangsŭeh doehn thaang/bàt pracam tua/lêhk thîi bai khàp khìi
place and date of issue ___	สถานที่และวันที่ออกบัตร
	sathăan thîi láe wan thîi àwk bàt
signature _____	ลายเซ็น
	laai sen

Useful lists

2 Courtesies

2.1 Greetings 25

2.2 How to ask a question 26

2.3 How to reply 28

2.4 Thank you 28

2.5 Sorry 29

2.6 What do you think? 29

Courtesies

● **It is usual in Thailand** to 'wai' (wâi) on meeting and parting company. The wai involves putting the hands together and bringing them up towards the nose. You wai a superior or an elderly person whom you respect, as well as a monk. Thais wai their colleagues and bosses at work when they first meet them each day and on parting for the day. If someone wais you, give them a courteous wai in return; however, if the person is a young child, just a smile in return is sufficient; in fact, a smile means a great deal to every Thai.

Thais tend not to "complain," as westerners may do. They will often praise and say well done (kèng mâak). If you wish to criticize, say nothing; that is just as appropriate.

.1 Greetings

Hello/Good morning, Khun James	สวัสดี คุณเจมส์ sawàt dii khun cehm
Hello/Good morning, Khun Anitra	สวัสดี คุณอนิทรา sawàt dii khun anítraa
Hello, Somsri	สวัสดีสมศรี sawàt dii sŏmsǐi
Hi, Peter	สวัสดีปีเตอร์ sawàt dii piitêh
Good morning, madam	สวัสดีมาดาม sawàt dii maadaam
Good afternoon, sir	สวัสดีท่าน sawàt dii thân
Good afternoon/evening	สวัสดี sawàt dii
Hello/Good morning	สวัสดี sawàt dii
How are you?/ How are things?	สบายดีหรือ/เป็นยังไง sabaai dii lŏeh/pen yang-ngai
Fine, thank you, and you?	สบายดี ขอบคุณ แล้วคุณล่ะ sabaai dii khàwp khun; láeo khun lâ
Very well, and you?	สบายดี แล้วคุณล่ะ sabai dii; láeo khun lâ
In excellent health/ In great shape	สุขภาพดีเยี่ยม/แข็งแรงดี sùkhaphâap dii yîam/khǎeng raehng dii
So-so	เรื่อย ๆ rûeai rûeai
Not very well	ไม่ค่อยสบาย mâi khâwi sabai
Not bad	ใช้ได้ chái dâi
I'm going to leave	ไปละนะ pai lá ná
I have to be going, someone's waiting for me	ต้องไปละนะ มีคนรออยู่ tâwng pai lá ná; mii khon raw yùu
Good-bye	ลาก่อน laa kàwn
See you later	พบกันใหม่นะ phóp kan mài ná

Courtesies

See you soon	พบกันเร็ว ๆนี้นะ
	phóp kan reo reo níi ná
See you in a little while	เดี๋ยวพบกันนะ
	điao phóp kan ná
Sweet dreams	ฝันดีนะ
	făn dii ná
Good night	ราตรีสวัสดิ์
	raatrii sawàt
All the best	โชคดี
	chôhk dii
Have fun	สนุกนะ
	sanùk ná
Good luck	โชคดี
	chôhk dii
Have a nice vacation	เที่ยวให้สนุกนะ
	thîao hâi sanùk ná
Bon voyage/ Have a good trip	เดินทางโดยปลอดภัยนะ
	doehn thaang doi plàwt phai ná
Thank you, the same to you	ขอบคุณ คุณด้วย
	khàwp khun; khun dûai
Say hello to/Give my regards to... (formal)	ส่งความคิดถึงไปยัง...
	sòng khwaam khít thŭeng pai yang...
Say hello to... (informal)	ฝากสวัสดี...
	fàak sawàt dii...

2.2 How to ask a question

Who?	ใครนะ
	khrai ná
Who's that?/Who is it?/Who's there?	นั่นใคร/ใครน่ะ/ใครอยู่ที่นั่น
	nân khrai/khrai ná/khrai yùu thîi nân
What?	อะไรนะ
	arai ná
What is there to see?	มีอะไรให้ดู
	mii arai hâi duu
What category of hotel is it?	โรงแรมกี่ดาว
	rohngraehm kìi dao
Where?	ที่ไหนนะ
	thîi năi ná
Where's the bathroom?	ห้องน้ำอยู่ที่ไหน
	hâwng náam yùu thîi năi
Where are you going? (formal)	คุณจะไปไหน
	khun ca pai năi
Where are you from?	คุณมาจากไหน
	khun maa càak năi
What?/How?	อะไรนะ/ยังไงนะ
	arai ná/yang-ngai ná
How far is that?	ไกลแค่ไหน
	klai khâeh năi
How long does that take?	นานแค่ไหน
	naan khâeh năi
How long is the trip?	เดินทางนานเท่าไหร่
	doehn thaang naan thâorài
How much?	เท่าไหร่
	thâorài

How much is this?	นี่เท่าไหร่
	nîi thâorài
What time is it?	กี่โมงแล้ว
	kìi mohng láeo
Which one(s)?	อันไหน
	an nǎi
Which glass is mine?	แก้วไหนของฉัน
	kâeo nǎi khǎwng chán
When?	เมื่อไหร่
	mûearài
When are you leaving? (formal)	คุณจะไปเมื่อไหร่
	khun ca pai mûearài
Why?	ทำไม
	thammai
Could you...? (formal)	ช่วย...หน่อยได้ไหม
	chûai...nàwi dâi mái
Could you help me/ give me a hand please?	ช่วยฉันหน่อยได้ไหม/กรุณาช่วยฉันหน่อย
	chuâi chán nàwi dâi mái/karunaa chûai chán nàwi
Could you point that out to me/show me please?	ช่วยชี้ให้ดูหน่อยได้ไหม/กรุณาชี้ให้ดูหน่อย
	chuâi chíi hâi duu nàwi dâi mái/karunaa chíi hâi duu nàwi
Could you come with me please?	กรุณามากับฉันได้ไหม
	karunaa maa kàp chán dâi mái
Could you reserve/book me some tickets please?	กรุณา สำรอง/จอง ตั๋วให้หน่อยได้ไหม
	karunaa sǎmrawng/cawng tǔa hâi nàwi dâi mái
Could you recommend another hotel?	แนะนำโรงแรมอื่นให้หน่อยได้ไหม
	náe-nam rohngraehm ùehn hâi nàwi dâi mái
Do you know...? (formal)	คุณรู้จัก...ไหมคะ/ครับ
	khun rúucàk...mái khá/khráp
Do you know whether...?	รู้ไหมว่า...
	rúu mái wâa...
Do you have...? (formal)	คุณมี...ไหมคะ/ครับ
	khun mii...mái khá/khráp
Do you have a... for me?	มี...ให้ฉันไหม
	mii...hâi chán mái
Do you have a vegetarian dish please?	คุณมีอาหารเจไหม
	khun mii aahǎan ceh mái
I would like...	ฉันอยาก...
	chán yàak...
I'd like a kilo of apples, please	ฉันอยากได้แอปเปิ้ลหนึ่งกิโล
	chán yàak dâi áeppôen nùeng kiloh
Can/May I?	...ได้ไหม
	dâi mái
Can/May I take this away?	ฉันเอานี่ไปได้ไหม
	chán ao nîi pai dâi mái
Can I smoke here?	ฉันสูบบุหรี่ที่นี่ได้ไหม
	chán sùup burìi thîi nîi dâi mái
Could I ask you something?	ขอถามอะไรหน่อยได้ไหม
	khǎw thǎam arai nàwi dâi mái

2.3 How to reply

Yes, of course	ได้ แน่นอน
	dâi, nâeh nawn
No, I'm sorry	ไม่ได้ เสียใจด้วย
	mâi dâi; sĭa cai dûai
Yes, what can I do for you?	จะให้ฉันทำอะไรให้คุณ
	ca hâi chán tham arai hâi khun
Just a moment, please	สักครู่นะ
	sák khrûu ná
No, I don't have time now	ไม่ได้ ตอนนี้ฉันไม่มีเวลา
	mâi dâi, tawn níi chán mâi mii wehlaa
No, that's impossible	เป็นไปไม่ได้
	pen pai mâi dâi
I think so/I think that's absolutely right	ฉันคิดว่าถูกต้องที่สุด
	chán khít wâa thùuk tâwng thîi sùt
I think so too/I agree	ฉันว่าอย่างนั้นด้วย/ฉันเห็นด้วย
	chán wâa yàang nán dûai/chán hĕn dûai
I hope so too	ฉันหวังว่าอย่างนั้นด้วย
	chán wăng wâa yàang nán dûai
No, not at all/Absolutely not	ไม่เลย/ไม่แน่ ๆ
	mâi loei/mâi nâeh nâeh
No, no one	ไม่มีใคร
	mâi mii khrai
No, nothing	ไม่มีอะไร
	mâi mii arai
That's right	ถูกแล้ว
	thùuk láeo
Something's wrong	มีอะไรผิดปกติ
	mii arai phìt pòkàti
I agree (don't agree)	ฉันเห็นด้วย (ไม่เห็นด้วย)
	chán hĕn dûai (mâi hĕn dûai)
OK/it's fine	โอเค/ดีแล้ว
	oh kheh/dii láeo
OK, all right	โอเค ตกลง
	oh kheh/tòk long
Perhaps/maybe	บางที/อาจจะ
	baang thii/àat ca
I don't know	ฉันไม่รู้
	chán mâi rúu

2.4 Thank you

Thank you	ขอบคุณ
	khàwp khun
You're welcome	ไม่เป็นไร
	mâi pen rai
Thank you very much/Many thanks	ขอบคุณมาก/ขอบคุณจริง ๆ
	khàwp khun mâak/khàwp khun cing cing
Very kind of you	คุณใจดีมาก
	khun cai dii mâak
My pleasure	ยินดีรับใช้
	yin dii ráp chái
I enjoyed it very much	ฉันสนุกมาก
	chán sanùk mâak

Thank you for...	ขอบคุณสำหรับ...
	khàwp khun sămràp...
You shouldn't have/	คุณไม่ควรต้อง/คุณกรุณามาก
That was so kind of you	khun mâi khuan tâwng/khun karunaa mâak
Don't mention it!	ไม่เป็นไร
	mâi pen rai
That's all right	ไม่เป็นไร
	mâi pen rai

2.5 Sorry

Excuse me/pardon me/sorry	ขอโทษ
	khăw thôht
Sorry, I didn't know that ...	ขอโทษ ฉันไม่รู้ว่า ...
	khăw thôht, chán mâi rúu wâa ...
I do apologize	ฉันขอโทษจริง ๆ
	chán khăw thôht cing cing
I'm sorry	เสียใจด้วย
	sĭa cai dûai
I didn't mean it/It was an accident	ฉันไม่ได้ตั้งใจ/มันเป็นอุบัติเหตุ
	chán mâi dâi tâng cai/man pen ùbatìhèht
That's all right/ Don't worry about it	ไม่เป็นไร/ไม่ต้องห่วง
	mâi pen rai/mâi tâwng hùang
Never mind/Forget it	ไม่เป็นไร/ลืมเสียเถอะ
	mâi pen rai/luehm sá thòe
It could happen to anyone	อาจเกิดกับใครก็ได้
	àat kòeht kàp khrai kâw dâi

2.6 What do you think?

Which do you prefer/ like best?	คุณ อยากได้/ชอบ อันไหนมากที่สุด
	khun *yàak dâi/châwp* an năi mâak thîi sùt
What do you think?	คุณคิดว่าอย่างไร
	khun khít wâa yang-ngai
Don't you like dancing?	คุณไม่ชอบเต้นรำหรือ
	khun mâi châwp tên ram lŏeh
I don't mind	ฉันไม่รังเกียจ
	chán mâi rangkìat
Well done!	เก่งมาก!
	kèng mâak
Not bad!	ไม่เลว!
	mâi leo
Great!/Marvelous!	วิเศษ!
	wísèht
Wonderful!	มหัศจรรย์!
	mahàtsacan
How lovely!	สวยเชียว!
	sŭai chiao
I am pleased for you	ฉันยินดีกับคุณด้วย
	chán yindii kàp khun dûai
I'm (not) very happy/ delighted to ...	ฉัน (ไม่) ดีใจด้วย/ยินดีด้วยกับ...
	chán (mâi) *dii cai dûai/yindii dûai* kàp...

Courtesies

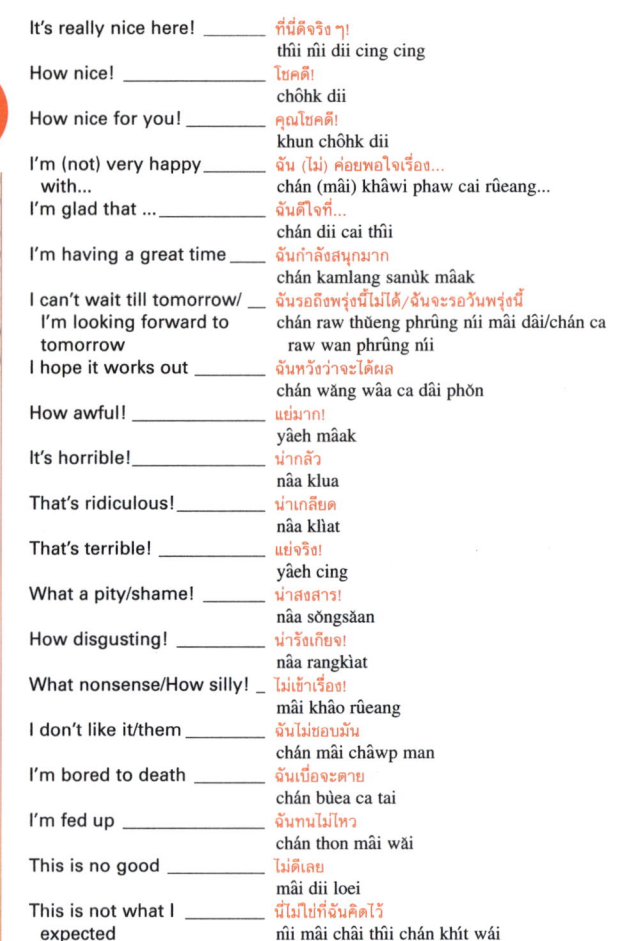

It's really nice here!	ที่นี่ดีจริง ๆ!	thîi nîi dii cing cing
How nice!	โชคดี!	chôhk dii
How nice for you!	คุณโชคดี!	khun chôhk dii
I'm (not) very happy with...	ฉัน (ไม่) ค่อยพอใจเรื่อง...	chán (mâi) khâwi phaw cai rûeang...
I'm glad that ...	ฉันดีใจที่...	chán dii cai thîi
I'm having a great time	ฉันกำลังสนุกมาก	chán kamlang sanùk mâak
I can't wait till tomorrow/ I'm looking forward to tomorrow	ฉันรอถึงพรุ่งนี้ไม่ได้/ฉันจะรอวันพรุ่งนี้	chán raw thǔeng phrûng níi mâi dâi/chán ca raw wan phrûng níi
I hope it works out	ฉันหวังว่าจะได้ผล	chán wăng wâa ca dâi phŏn
How awful!	แย่มาก!	yâeh mâak
It's horrible!	น่ากลัว	nâa klua
That's ridiculous!	น่าเกลียด	nâa klìat
That's terrible!	แย่จริง!	yâeh cing
What a pity/shame!	น่าสงสาร!	nâa sŏngsăan
How disgusting!	น่ารังเกียจ!	nâa rangkìat
What nonsense/How silly!	ไม่เข้าเรื่อง!	mâi khâo rûeang
I don't like it/them	ฉันไม่ชอบมัน	chán mâi châwp man
I'm bored to death	ฉันเบื่อจะตาย	chán bùea ca tai
I'm fed up	ฉันทนไม่ไหว	chán thon mâi wăi
This is no good	ไม่ดีเลย	mâi dii loei
This is not what I expected	นี่ไม่ใช่ที่ฉันคิดไว้	nîi mâi châi thîi chán khít wái

3 Conversation

3.1 I beg your pardon? 32

3.2 Introductions 32

3.3 Starting/ending a conversation 35

3.4 Congratulations and condolences 35

3.5 A chat about the weather 35

3.6 Hobbies 36

3.7 Being the host(ess) 36

3.8 Invitations 36

3.9 Paying a compliment 37

3.10 Intimate comments/questions 38

3.11 Arrangements 39

3.12 Saying good-bye 39

3 Conversation

3.1 I beg your pardon?

I don't speak any/ I speak a little...	ฉันไม่พูด.../ฉันพูด...นิดหน่อย	chán mâi phûut... /chán phûut...nít nàwi
I'm American	ฉันเป็นอเมริกัน	chán pen amehríkan
Do you speak English?	คุณพูดภาษาอังกฤษได้ไหม	khun phûut phaasăa angkrìt dâi mái
Is there anyone who speaks...?	มีใครพูดภาษา...บ้างไหม	mii khrai phûut phaasăa...bâang mái
I beg your pardon/What?	อะไรนะ	arai ná
I (don't) understand	ฉัน (ไม่) เข้าใจ	chán (mâi) khâocai
Do you understand me?	คุณเข้าใจฉันไหม	khun khâo ca chán mái
Could you repeat that, please?	กรุณาพูดอีกที่ได้ไหม	karunaa phûut ìik thii dâi mái
Could you speak more slowly, please?	กรุณาพูดช้า ๆ ได้ไหม	karunaa phûut chá cháa dâi mái
What does that mean?/ that word mean?	นั่น/คำนั้น หมายความว่าอะไร	*nân/kham nán* măi khwaam wâa arai
It's more or less the same as...	มันความหมายเหมือนกับ...	man khwaam măi mǔean kàp...
Could you write that down for me, please?	กรุณาเขียนให้ฉันได้ไหม	karunaa khĭan hâi chán dâi mái
Could you spell that for me, please?	กรุณาสะกดให้ฉันได้ไหม	karunaa sakòt hâi chán dâi mái

(See 1.8 Telephone alphabet)

Could you point that out in this phrase book, please?	กรุณาชี้ในหนังสือนี้ให้ฉันได้ไหม	karunaa chíi nai nangsŭeh níi hâi chán dâi mái
Just a minute, I'll look it up	เดี๋ยว ฉันจะหาให้	dĭao, chán ca hăa hâi
I can't find the word/ the sentence	ฉันหา คำ/ประโยค ไม่เจอ	chán hăa *kham/prayòhk* mâi coeh
How do you say that in...?	คุณพูดยังไงในภาษา...	khun phûut yang-ngai nai phaasăa...
How do you pronounce that?	คุณออกเสียงยังไง	khun àwk síang yang-ngai

3.2 Introductions

May I introduce myself?	ฉันขอแนะนำตัวเองนะ	chán khăw náe-nam tua ehng ná
My name's...	ฉันชื่อ...	chán chûeh...
I'm...	ฉัน...	chán...

32

What's your name?	คุณชื่ออะไร	khun chûeh arai
May I introduce...?	ฉันขอแนะนำ...	chán kháw náe-nam...
This is my wife/husband	นี่ ภรรยา/สามี ฉัน	nîi phanrayaa/sǎamii chán
This is my daughter/son	นี่ ลูกสาว/ลูกชาย ฉัน	nîi lûuk sǎo/lûuk chai chán
This is my mother/father	นี่ คุณแม่/คุณพ่อ ฉัน	nîi khun mâeh/khun phâw chán
This is my fiancée/fiancé	นี่คู่หมั้นฉัน	nîi khûu mân chán
This is my friend	นี่เพื่อนฉัน	nîi phûean chán
How do you do	ยินดีที่ได้รู้จัก	yindii thîi dâi rúucàk
Hi, pleased to meet you	สวัสดี ยินดีที่ได้พบคุณ	sawàt dii, yindii thîi dâi phóp khun
Where are you from?	คุณเป็นคนอะไร	khun pen khon arai
I'm American	ฉันเป็นคนอเมริกัน	chán pen khon amehríkan
What city do you live in?	คุณอยู่เมืองไหน	khun yùu mueang nǎi
In... near...	ใน... ใกล้...	nai... klâi...
Have you been here long?	คุณมาที่นี่นานแล้วหรือ	khun maa thîi nîi naan láeo lǒeh
A few days	สองสามวัน	sǎwng sǎam wan
How long are you staying here?	คุณจะอยู่ที่นี่นานเท่าไหร่	khun ca yùu thîi nîi naan thâorài
We're (probably) leaving tomorrow/in two weeks	เรา (คง) จะกลับพรุ่งนี้/อีกสองสัปดาห์	rao (khong) ca klàp phrûng níi/lìk sǎwng sàpdaa
Where are you staying?	คุณพักที่ไหน	khun phák thîi nǎi
I'm staying in a hotel/an apartment	ฉันพักที่ โรงแรม/อพาร์ตเมนท์	chán phák thîi rohngraehm/apaatmén
At a campsite	ที่แคมป์	thîi kháehm
I'm staying with friends/relatives	ฉันพักกับ เพื่อน/ญาติ	chán phák kàp phûean/yâat
Are you here on your own?	คุณมาที่นี่คนเดียวหรือ	khun maa thîi nîi khon diao lǒeh
Are you here with your family?	คุณมาที่นี่กับครอบครัวหรือ	khun maa thîi nîi kàp khrâwp khrua lǒeh
I'm on my own	ฉันมาคนเดียว	chán maa khon diao
I'm with my partner/wife/husband	ฉันมากับ พาร์ตเนอร์/ภรรยา/สามี ของฉัน	chán maa kàp phàatnôeh/phanráyaa/sǎamii kháwng chán
– with my family	กับครอบครัวของฉัน	kàp khrâwp khrua kháwng chán
– with relatives	กับญาติ	kàp yâat
– with a friend/friends	กับ เพื่อน/เพื่อน ๆ	kàp phûean/phûean phûean

3 Conversation

Are you married?		คุณแต่งงานแล้วหรือยัง
		khun tàeng-ngaan láeo rúe yang
Are you engaged?/		คุณหมั้นแล้วหรือยัง/คุณมีแฟนหรือเปล่า
Do you have a steady boy/girlfriend?		khun mân láeo rrúe yang / khun mii faehn rúe plào
That's none of your business (formal/informal)		ไม่ใช่ธุระของคุณ/ธุระไม่ใช่ mâi châi thúrá khǎwng khun / thúrá mâi châ
I'm married		ฉันแต่งงานแล้ว
		chán tàeng-ngaan láeo
I'm single		ฉันโสด
		chán sòht
I'm not married		ฉันยังไม่แต่งงาน
		chán yang mâi tàeng-ngaan
I'm separated		ฉันแยกกัน
		chán yâehk kan
I'm divorced		ฉันหย่าแล้ว
		chán yàa láeo
I'm a widow/widower		ฉันเป็นม่าย
		chán pen mâi
I live alone /with someone		ฉันอยู่ คนเดียว/กับคนอื่น
		chán yùu *khon diao/kàp khon ùehn*
Do you have any children/grandchildren?		คุณมีลูก/หลานไหม khun mii *lûuk/lǎan mái*
How old are you?		คุณอายุเท่าไหร่
		khun aayú thâorài
How old is she/he?		เขาอายุเท่าไหร่
		kháo aayú thâorài
I'm...(years old)		ฉันอายุ...ปี
		chán aayú...pii
She's/he's...(years old)		เขาอายุ...ปี
		kháo aayú...pii
What do you do for a living?		คุณทำงานอะไร khun tham ngaan arai
I work in an office		ฉันทำงานในสำนักงาน
		chán tham ngaan nai sǎmnákngaan
I'm a student		ฉันเป็นนักเรียน
		chán pen nákrian
I'm unemployed		ฉันว่างงาน
		chán wâang ngaan
I'm retired		ฉันเกษียณแล้ว
		chán kasĭan láeo
I'm on a disability pension		ฉันรับเงินบำนาญคนพิการ
		chán ráp ngoen bamnaan khon phíkaan
I'm a housewife		ฉันเป็นแม่บ้าน
		chán pen mâeh bâan
Do you like your job?		คุณชอบงานคุณไหม
		khun châwp ngaan khun mái
Most of the time		เวลาส่วนใหญ่
		wehlaa sùan yài
Mostly I do, but I prefer vacations		ส่วนใหญ่ฉันทำแต่ฉันชอบไปเที่ยวมากกว่า suàn yài chán tham, tàeh chán châwp pai thîao mâak kwàa

3.3 Starting/ending a conversation

Could I ask you something?	ขอถามอะไรหน่อยได้ไหม khăw thăam arai nàwi dâi mái
Excuse/Pardon me	ขอโทษ khăw thôht
Could you help me please?	ช่วยฉันหน่อยได้ไหม chuâi chán nàwi dâi mái
Yes, what's the problem?	ได้ มีปัญหาอะไร dâi, mii panhăa arai
What can I do for you?	จะให้ช่วยอะไร ca hâi chûai arai
Sorry, I don't have time now	เสียใจ ตอนนี้ฉันไม่มีเวลา sĭa cai, tawn níi chán mâi mii wehlaa
Do you have a light (match)?	คุณมีไม้ขีดไหม khun mii máikhìit mái
May I join you?	ฉันไปด้วยได้ไหม chán pai dûai dâi mái
Could you take a picture of me/us?	ช่วยถ่ายรูปให้ ฉัน/เรา หน่อยได้ไหม chûai thàai rûup hâi chán/rao nàwi dâi mái
Leave me alone (formal/informal)	ขอฉันอยู่คนเดียว/ปล่อยฉัน khăw chán yùu khon diao / plàwi chán
Get lost	ไปให้พ้น pai hâi phón
Go away or I'll scream	ไปไกล ๆ ไม่งั้นฉันจะร้องดัง ๆ pai klai klai, mâi ngán chán ca ráwng dang dang

3.4 Congratulations and condolences

Happy birthday	สุขสันต์วันเกิด sùksăn wan kòeht
Many happy returns	ขอให้มีความสุขมาก ๆ khăw hâi mii khwaam sùk mâak mâak
Please accept my condolences	ขอแสดงความเสียใจด้วย khăw sadaehng khwaam sĭa cai dûai
My deepest sympathy	ฉันเสียใจอย่างสุดซึ้ง chán sĭa cai yàang sùt súeng

3.5 A chat about the weather

See also 1.5 The weather

It's so hot/cold today!	วันนี้ร้อน/เย็นจัง wan níi ráwn/yen cang
Isn't it a lovely day?	วันนี้อากาศดีมากนะ wan níi aakàat dii mâak ná
It's so windy/what a storm!	ลมแรง/พายุแรง lom raehng/phaayú raehng
All that rain/fog!	ดูฝนซิ/ดูหมอกซิ duu fŏn sí/duu màwk sí
It's so foggy!	หมอกลงจัด màwk long càt

Has the weather been ____ like this for long?	อากาศเป็นอย่างนี้นานแล้วหรือ aakàat pen yàang níi naan láeo lǒeh
Is it always this hot/ ____ cold here?	ที่นี่ ร้อน/หนาว อย่างนี้เสมอหรือ thîi nîi ráwn/nǎo yàang níi samǒeh lǒeh
Is it always this dry/ ____ humid here?	ที่นี่อากาศ แห้ง/อบอ้าว อย่างนี้เสมอหรือ thîi nîi aakàat hâehng/òp âo yàang níi samǒeh lǒeh

3.6 Hobbies

Do you have any hobbies? ____	คุณมีงานอดิเรกไหม khun mii ngaan adirèhk mái
I like knitting/reading/ ____ photography	ฉันชอบ ถักนิตติ้ง/อ่านหนังสือ/ถ่ายรูป chán châwp thàk nítting/àan nangsǔeh/thàai rûup
I enjoy listening to music ____	ฉันชอบฟังเพลง chán châwp fang phlehng
I play the guitar/the piano ____	ฉันเล่นกีตาร์/เปียโน chán lên kiitaa/pianoh
I like the cinema ____	ฉันชอบดูหนัง chán châwp duu nǎng
I like traveling/playing ____ sports/fishing/ going for a walk	ฉันชอบ ท่องเที่ยว/เล่นกีฬา/ตกปลา/ไปเดินเล่น chán châwp thâwng thîao/lên kiilaa/tòk plaa/pai doehn lên

3.7 Being the host(ess)

See also 4 Eating out

Can I offer you a drink? ____ (formal/informal)	คุณจะดื่มอะไรไหม/หิวน้ำไหม khun ca dùehm arai mái/hǐu náam mái
What would you like ____ to drink?	คุณอยากดื่มอะไร khun yàak dùehm arai
Something non-alcoholic, ____ please	อะไรที่ไม่มีแอลกอฮอล arai thîi mâi mii aehlkawhawn
Would you like a ____ cigarette/cigar?	คุณอยากสูบ บุหรี่/ซิการ์ ไหม khun yàak sùup burìi/siikaa mái
I don't smoke ____	ฉันไม่สูบ chán mâi sùup

3.8 Invitations

Are you doing anything ____ tonight?	คืนนี้คุณทำอะไรหรือเปล่า khuehn níi khun tham arai rúe plào
Do you have any ____ plans for today/this afternoon/tonight? (formal/informal)	วันนี้/บ่ายนี้/คืนนี้ มีแผนจะทำอะไร wan níi/bài níi/khuehn níi mii phǎehn ca tham arai
Would you like to ____ go out with me?	คุณอยากออกไปข้างนอกกับฉันไหม khun yàak àwk pai khâng nâwk kàp chán mái

Would you like to go dancing with me?	คุณอยากไปเต้นรำกับฉันไหม
	khun yàak pai tên ram kàp chán mái
Would you like to have lunch/dinner with me?	คุณอยากไปทาน อาหารกลางวัน/อาหารเย็น กับฉันไหม
	khun yàak pai thaan *aahăan klaang wan/aahăan yen* kàp chán mái
Would you like to come to the beach with me?	คุณอยากไปชายทะเลกับฉันไหม
	khun yàak pai chai thaleh kàp chán mái
Would you like to come into town with us?	คุณอยากเข้าเมืองกับเราไหม
	khun yàak khâo mueang kàp rao mái
Would you like to come and see some friends with us?	คุณอยากไปหาเพื่อนกับเราไหม
	khun yàak pai hăa phûean kàp raw mái
Shall we dance?	เต้นรำไหม
	tên ram mái
– sit at the bar?	ไปนั่งที่บาร์ไหม
	pai nâng thîi baa mái
– get something to drink?	ไปหาอะไรดื่มไหม
	pai hăa arai dùehm mái
– go for a walk?	ไปเดินเล่นไหม
	pai doehn lên mái
– go for a drive?	ไปขับรถเล่นไหม
	pai khàp rót lên mái
Yes, all right	ไป ตกลง
	pai tòklong
Good idea	เป็นความคิดที่ดี
	pen khwaam khít thîi dii
No, thank you	ไม่ไป ขอบคุณ
	mâi pai khàwp khun
Maybe later	เดี๋ยวอาจจะไป
	dĭao àat ca pai
I don't feel like it	ฉันไม่รู้สึกอยากไป
	chán mâi rúusùek yàak pai
I don't have time	ฉันไม่มีเวลา
	chán mâi mii wehlaa
I already have a date	ฉันมีนัดแล้ว
	chán mii nát láeo
I'm not very good at dancing/volleyball/swimming	ฉัน เต้นรำ/เล่นวอลเลย์บอล/ว่ายน้ำ ไม่เก่ง
	chán *tên ram/lên wawnlehbawn/wâi náam* mâi kèng

3.9 Paying a compliment

You look great!	คุณแต่งตัวสวยจัง
	khun tàeng tua sŭai cang
I like your car!	ฉันชอบรถคุณ
	chán châwp rót khun
I like your water ski outfit!	ฉันชอบชุดสกีน้ำของคุณ
	chán châwp chút sakii náam khăwng khun
You are very nice	คุณเป็นคนดีมาก
	khun pen khon dii mâak
What a good boy/girl!	เด็กดีอะไรอย่างนี้!
	dèk dii arai yàang níi!
You're a good dancer	คุณเต้นรำเก่งมาก
	khun tên ram kèng mâak

You're a very good cook	คุณทำอาหารเก่งมาก
	khun tham aahăan kèng mâak
You're a good soccer player	คุณเล่นฟุตบอลเก่งมาก
	khun lên fútbawn kèng mâak

3.10 Intimate comments/questions

I like being with you	ฉันชอบอยู่กับคุณ
	chán châwp yùu kàp khun
I've missed you so much	ฉันคิดถึงคุณเหลือเกิน
	chán khít thŭeng khun lŭea koehn
I dreamt about you	ฉันฝันถึงคุณ
	chán făn thŭeng khun
I think about you all day	ฉันคิดถึงคุณทั้งวัน
	chán khít thŭeng khun tháng wan
I've been thinking about you all day	ฉันคิดถึงคุณตลอดวัน
	chán khít thŭeng khun talàwt wan
You have such a sweet smile	คุณยิ้มหวานจัง
	khun yím wăan cang
You have such beautiful eyes	ตาคุณสวยเหลือเกิน
	taa khun sŭai lŭea koehn
I love you (I'm fond of you)	ฉันชอบคุณมาก
	chán châwp khun mâak
I'm in love with you	ฉันหลงรักคุณ
	chán lŏng rák khun
I'm in love with you too	ฉันหลงรักคุณด้วย
	chán lŏng rák khun dûai
I love you	ฉันรักคุณ
	chán rák khun
I love you too	ฉันรักคุณด้วย
	chán rák khun dûai
I don't feel as strongly about you	ฉันไม่รู้สึกอะไรมากกับคุณ
	chán mâi rúusùek arai mâak kàp khun
I already have a girlfriend/boyfriend	ฉันมีแฟนแล้ว
	chán mii faehn láeo
I'm not ready for that	ฉันยังไม่พร้อมในเรื่องนั้น
	chán yang mâi phráwm nai rûeang nán
I don't want to rush into it	ฉันยังไม่อยากรีบร้อน
	chán yang mâi yàak rîip ráwn
Take your hands off me	เอามือคุณออกไป
	ao mueh khun àwk pai
Okay, no problem	ตกลง ไม่มีปัญหา
	tòklong, mâi mii panhăa
Will you spend the night with me?	คุณจะค้างกับฉันไหมคืนนี้
	khun ca kháang kàp chán mái khuehn níi
I'd like to go to bed with you	ฉันอยากจะนอนกับคุณ
	chán yàak ca nawn kàp khun
Only if we use a condom	ถ้าเราใช้ถุงยางเท่านั้น
	thâa rao chái thŭng yaang, thâo nán
We have to be careful about AIDS	เราต้องระวังโรคเอดส์
	rao tâwng rawang rôhk èhd
That's what they all say	นั่นที่เขาพูดกัน
	nân thîi kháo phûut kan
We shouldn't take any risks	เราไม่ควรเสี่ยง
	rao mâi khuan sìang

Do you have a condom?	คุณมีถุงยางไหม
	khun mii thǔng yaang mái
No? Then the answer's no	ไม่มีหรือ ถ้างั้นไม่ได้
	mâi mii lěoh, thâa ngán mâi dâi

3.11 Arrangements

When will I see you again?	ฉันจะพบคุณอีกเมื่อไร
	chán ca phóp khun ìik mûearai
Are you free over the weekend? (informal)	คุณว่างไหมเสาร์อาทิตย์นี้
	khun wâang mái, sǎo aathít níi
What's the plan, then?	ถ้างั้นมีแผนอะไร
	thâa ngán mii phǎehn arai
Where shall we meet?	เราจะพบกันที่ไหน
	rao ca phóp kan thîi nǎi
Will you pick me/us up?	คุณจะมารับฉัน/เราไหม
	khun ca maa ráp *chán/rao* mái
Shall I pick you up?	ฉันไปรับคุณเอาไหม
	chán pai ráp khun, ao mái
I have to be home by...	ฉันต้องกลับบ้านก่อน..
	chán tâwng klàp bâan kàwn
I don't want to see you anymore	ฉันไม่ต้องการพบคุณอีกเลย
	chán mâi tâwngkaan phóp khun ìik loei

3.12 Saying good-bye

Can I take you home?	ฉันไปส่งคุณที่บ้านได้ไหม
	chán pai sòng khun thîi bâan dâi mái
Can I write to you?	ฉันเขียนถึงคุณได้ไหม
	chán khǐan thǔeng khun dâi mái
Can I call you?	ฉันโทร.หาคุณได้ไหม
	chán thoh hǎa khun dâi mái
Will you write to me?	คุณจะเขียนถึงฉันไหม
	khun ca khǐan thǔeng chán mái
Will you call me?	คุณจะโทร.หาฉันไหม
	khun ca thoh hǎa chán mái
Can I have your address/phone number?	ขอ ที่อยู่/เบอร์โทรศัพท์ ของคุณได้ไหม
	khǎw *thîi yùu/boeh thohrasàp* khǎwng khun dâi mái
Thanks for everything	ขอบคุณสำหรับทุกสิ่งทุกอย่าง
	khàwp khun sǎmràp thúk sìng thúk yàang
It was a lot of fun	สนุกมาก
	sanùk mâak
Say hello to...	ฝากสวัสดี...
	fàak sawàt dii...
All the best	โชคดี
	chôhk dii
Good luck	โชคดี
	chôhk dii
When will you be back?	คุณจะกลับมาอีกเมื่อไหร่
	khun ca klàp maa ìik mûearài
I'll be waiting for you	ฉันจะรอคุณ
	chán ca raw khun

Conversation 3

I'd like to see you again____	ฉันอยากพบคุณอีก
	chán yàak phóp khun ìik
I hope we meet again _____ soon	ฉันหวังว่าเราจะพบกันอีกเร็ว ๆ นี้
	chán wăng wâa rao ca phóp kan ìik reo reo níi
Here's our address._____ If you're ever in the United States...	นี่ที่อยู่ของเรา ถ้าคุณไปอเมริกา...
	nîi thîi yùu khăwng rao, thâa khun pai amehrikaa...
You'd be more than _____ welcome	ฉันยินดีต้อนรับอย่างเต็มที่
	chán yindii tâwn ráp yàang tem thîi

Eating out

4.1	**O**n arrival	43
4.2	**O**rdering	44
4.3	**T**he bill	46
4.4	**C**omplaints	46
4.5	**P**aying a compliment	47
4.6	**T**he menu	47
4.7	**L**ist of drinks and dishes	48

4 Eating out

Eating out

● **Eating establishments**

Many Thais 'snack all day,' and the noodle shops (ráan kǔai ťiao) and smaller eating places (ráan aahǎan) are open much of the day, and often late into the night. Restaurants (pháttaakhaan) usually open for lunch and dinner. In Bangkok, as in the west, there are specific restaurants for seafood (aahǎan thaleh), steak (núea wua), as well as international styles, the main being German (yoehraman), Italian (itaalii) and French (farangsèht). A growing trend for snacking is in the coffee shop serving beautiful cakes (ráan kaafaeh khǎi khanǒm khéhk), and also at the donut parlors (ráan khǎi dohnát).

Mealtimes

Monks eat only twice in a day (early morning and just before midday), but on the whole, Thais eat three main meals (sǎam múeh) a day:

Breakfast (aahǎan cháo), is eaten sometime between 5 and 8 am. Many Thais get up very early to go to work, and some give food to the monks on their dawn food round. Breakfast is often a rice porridge (cóhk), but can also be a rice dish. Some Thais like the western or farang-style breakfast of fried eggs (khài dao), grilled or fried frankfurters (sâi kràwk thâwt) and some toast (khanǒm pang pîng) with coffee (kaafaeh).
Lunch (aahǎan klaang wan) is usually eaten at food shops/small restaurants near offices, or for students, in canteens at schools and universities. Some students and workers upcountry take their lunch in a food carrier (pintoh) packed with two or three dishes (kàp khâo) e.g. stir-fried chicken with bean sprouts (kài phàt thùa ngâwk) or stir-fried meat with ginger and vegetables (núea phàt phrík khǐng), and some rice (khâo sǔai).
Dinner (aahǎan yen) is eaten around 6 or 7 pm, and often involves more 'formal' Thai food, e.g. a soup, a curry dish or spicy salad, perhaps a fish dish and a range of Thai condiments. Most notable of Thai foods are the hot and spicy sour soup with prawns and mushrooms (tôm yam kûng); the various curries: red (kaehng daehng), green (kaehng khǐao), masuman (mátsamân); and Pat Thai (phàt thai) —thin rice noodles with tofu, egg, meat and vegetables.

In restaurants

Because food is relatively cheap in Thailand, it's common for Thai families to eat out. The meal will often consist of many and various dishes from which the family or group shares. Thai restaurants range from the smaller inexpensive places serving common dishes, to interesting but sometimes expensive venues serving specialties or having particular gimmicks, e.g. waiters on roller skates or tables set around water. Additional charges may include service charge topped by the ubiquitous Value Added Tax (VAT) (phasǐi muunlákhâa phôehm).

4.1 On arrival

I'd like to reserve a table for seven o'clock, please	ขอจองโต๊ะสำหรับตอนหนึ่งทุ่มค่ะ/ครับ khǎw cawng tó sǎmràp tawn nùeng thûm khâ/khráp
A table for two, please	โต๊ะสำหรับสองคนค่ะ/ครับ tó sǎmràp sǎwng khon khâ/khráp
We've (We haven't) reserved	เรา (ไม่ได้) จอง rao (mâi dâi) cawng

---

คุณจองไว้หรือเปล่า	Do you have a reservation?
ชื่ออะไรคะ/ครับ	What name please?
ทางนี้ค่ะ/ครับ	This way, please
โต๊ะนี้จองแล้ว	This table is reserved
อีกสิบห้านาทีจะมีโต๊ะว่างค่ะ/ครับ	We'll have a table free in fifteen minutes
คอยได้ไหมคะ/ครับ	Would you mind waiting?

Eating out

Is the restaurant open yet?	ร้านอาหารเปิดหรือยัง ráan aahǎan pòeht rúe yang
What time does the restaurant open?/What time does the restaurant close?	ร้านอาหารเปิดกี่โมง/ร้านอาหารปิดกี่โมง ráan aahǎan pòeht kìi mohng/ráan aahǎan pìt kìi mohng
Can we wait for a table?	เรารอโต๊ะว่างได้ไหม rao raw tó wâang dâi mái
Do we have to wait long?	เราต้องรอนานไหม rao tâwng raw naan mái
Is this seat taken?	ที่นี่มีคนนั่งหรือยัง thîi nîi khon nâng rúe yang
Could we sit here/there?	เรานั่ง ที่นี่/ที่นั่น ได้ไหม rao nâng *thîi nîi/thîi nân* dâi mái
Can we sit by the window?	เรานั่งข้างหน้าต่างได้ไหม rao nâng khâang nâataang dâi mái
Are there any tables outside?	มีโต๊ะข้างนอกไหม mii tó khâang nâwk mái
Do you have another chair for us?	ขอเก้าอี้อีกตัวหนึ่งค่ะ/ครับ khǎw kâo-îi ìik tua nueng khâ/khráp
Do you have a highchair?	มีเก้าอี้เด็กไหมคะ/ครับ mii kâo-îi dèk mái khá/khráp
Is there a socket for this bottle-warmer?	มีปลั๊กสำหรับที่อุ่นขวดนมไหมคะ/ครับ mii plák sǎmràp thîi ùn khùat nom mái khá/khráp
Could you warm up this bottle/jar for me? (in the microwave)	คุณช่วยอุ่น ขวดนม/อาหารขวด ให้หน่อยได้ไหม (ในไมโครเวฟ) khun chûai ùn *khùat nom/aahǎan khùat* hâi nàwi dâi mái (nai maikhrohwéhf)
Not too hot, please	ไม่ร้อนจัดนะคะ/ครับ mâi ráwn càt ná khá/khráp
Is there somewhere I can change the baby's diaper?	มีที่เปลี่ยนผ้าอ้อมเด็กไหมคะ/ครับ mii thîi plìan phâa âwm dèk mái khá/khráp

43

4.2 Ordering

Where are the restrooms?	ห้องน้ำอยู่ที่ไหนคะ/ครับ
	hâwng náam yùu thîi nǎi khá/khráp
Waiter/Waitress!	น้อง
	náwng
Madam!	แหม่มคะ/ครับ
	màem khá/khráp
Sir!	คุณคะ/ครับ
	khun khá/khráp
We'd like something to eat/drink	เราอยากหาอะไร ทาน/ดื่ม หน่อย
	rao yàak hǎa arai *thaan/dùehm* nàwi
Could I have a quick meal?	ขออาหารด่วนหน่อยได้ไหม
	khǎw aahǎan dùan nàwi dâi mái
We don't have much time	เราไม่มีเวลามากนัก
	rao mâi mii wehlaa mâak nák
We'd like to have a drink first	เราขอเครื่องดื่มก่อนนะ
	rao khǎw khrûeang dùehm kàwn ná
Could we see the menu/wine list, please?	ขอดู เมนู/รายการไวน์ หน่อยได้ไหมคะ/ครับ
	khǎw duu *mehnuu/raikaan wai(n)* nàwi dâi mái khá/khráp
Do you have a menu in English?	คุณมีเมนูเป็นภาษาอังกฤษไหม
	khun mii mehnuu pen phaasǎa angkrìt mái
Do you have a dish of the day?	คุณมีอาหารพิเศษวันนี้ไหม
	khun mii aahǎan phísèht wan níi mái
Do you have a tourist menu?	คุณมีเมนูนักท่องเที่ยวไหม
	khun mii mehnuu nák thâwng thîao mái
We haven't made a choice yet	เรายังไม่ได้เลือกค่ะ/ครับ
	rao yang mâi dâi lûeak khâ/khráp
What do you recommend?	คุณแนะนำอะไรบ้าง
	khun náe-nam arai bâang
What are the local specialities/your specialities?	มีอาหารอะไรพิเศษ ของที่นี่/ของคุณเอง
	mii aahǎan arai phísèht *khǎwng thîi nîi/khǎwng khun ehng*
I like strawberries/olives	ฉันชอบ สตรอเบอรี่/มะกอก
	chán châwp *satrawboehrîi/mákàwk*
I don't like meat/fish	ฉันไม่ชอบ เนื้อ/ปลา
	chán mâi châwp *núea/plaa*
What's this?	นี่อะไร
	nîi arai
Does it have...in it?	ใส่...หรือเปล่า
	sài...rúe plào
Is it stuffed with...?	ยัดไส้ด้วย...ใช่ไหม
	yát sâi dûai...châi mái
What does it taste like?	รสชาติเหมือนอะไร
	rót châat mǔean arai
Is this a hot or a cold dish?	จานนี้ร้อนหรือเย็น
	caan níi ráwn rúe yen
Is this sweet?	นี่หวานไหม
	nîi wǎan mái
Is this hot/spicy?	นี่เผ็ดไหม
	nîi phèt mái
Do you have anything else, by any chance?	คุณมีอะไรอีกไหม
	khun mii arai ìik mái
I'm on a salt-free diet	ฉันไม่ทานเกลือ
	chán mâi thaan kluea

คุณจะทานอะไร	What would you like?
คุณตัดสินใจหรือยัง	Have you decided?
คุณอยากดื่มก่อนไหม	Would you like a drink first?
คุณอยากดื่มอะไร	What would you like to drink?
... หมดแล้ว	We've run out of...
ทานให้อร่อยนะคะ/ครับ	Enjoy your meal/Bon appetit
ทุกอย่างเรียบร้อยไหม	Is everything all right?
ขอเก็บโต๊ะนะคะ/ครับ	May I clear the table?

Eating out

I can't eat pork — ฉันทานหมูไม่ได้
chán thaan mǔu mâi dâi

I can't have sugar — ฉันทานน้ำตาลไม่ได้
chán thaan námtaan mâi dâi

I'm on a fat-free diet — ฉันไม่ทานไขมัน
chán mâi thaan khǎi man

I can't have spicy food — ฉันทานอาหารเผ็ดไม่ได้
chán thaan aahǎan phèt mâi dâi

We'll have what those people are having — เราเอาแบบที่พวกเขากำลังทานกัน
rao ao bàehp thîi phûak kháo kamlang thaan kan

I'd like... — ฉันเอา...
chán ao...

We're not having an entrée — เราไม่เอาอาหารว่าง
rao mâi ao aahǎan wâang

Could I have some more bread/rice, please? — ขอ ขนมปัง/ข้าว อีกได้ไหมคะ/ครับ
khǎw *khanǒm pang/khâo* ìik dâi mái khá/khráp

Could I have another bottle of water/wine/beer, please? — ขอ น้ำ/ไวน์/เบียร์ อีกขวดได้ไหมคะ/ครับ
khǎw *náam/wai(n)/bia* ìik khùat dâi mái khá/khráp

Could I have another portion of..., please? — ขอ...อีกหน่อยได้ไหมคะ/ครับ
khǎw...ìik nàwi dâi mái khá/khráp

Could I have the salt and pepper, please? — ขอเกลือกับพริกไทยหน่อยได้ไหมคะ/ครับ
khǎw kluea kàp phrík thai nàwi dâi mái khá/khráp

Could I have a napkin, please? — ขอกระดาษเช็ดมือหน่อยได้ไหมคะ/ครับ
khǎw kradàat chét mueh nàwi dâi mái khá/khráp

Could I have a teaspoon, please? — ขอช้อนชาหน่อยได้ไหมคะ/ครับ
khǎw cháwn chaa nàwi dâi mái khá/khráp

Could I have an ashtray, please? — ขอที่เขี่ยบุหรี่หน่อยได้ไหมคะ/ครับ
khǎw thîi khìa burìi nàwi dâi mái khá/khráp

Could I have some matches, please? — ขอไม้ขีดหน่อยได้ไหมคะ/ครับ
khǎw máikhìit nàwi dâi mái khá/khráp

Could I have some toothpicks, please? — ขอไม้จิ้มฟันหน่อยได้ไหมคะ/ครับ
khǎw mái cîm fan nàwi dâi mái khá/khráp

Could I have a glass of water, please? — ขอน้ำแก้วหนึ่งได้ไหมคะ/ครับ
khǎw náam kâeo nùeng dâi mái khá/khráp

Could I have a straw please? — ขอหลอดดูดหน่อยได้ไหมคะ/ครับ
khǎw làwt dùut nàwi dâi mái khá/khráp

Enjoy your meal/Bon appetit!	ทานอาหารให้อร่อยนะคะ/ครับ
	thaan aahăan hâi aròwi ná khá/khráp
You too!	คุณด้วยนะ
	khun dûai ná
Cheers!	ไชโย
	chai yoh
The next round's on me	รอบหน้าฉันเลี้ยง
	râwp nâa chán líang
Could we have a 'doggy bag,' please?	ขอห่อกลับบ้านได้ไหมคะ/ครับ
	khăw hăw klàp bâan dâi mái khá/khráp

4.3 The bill

See also 8.2 Settling the bill

How much is this dish?	จานนี้เท่าไหร่
	caan níi thâorài
Could I have the bill, please?	ขอบิลด้วยค่ะ/ครับ
	khăw bin dûai khá/khráp
All together	ทั้งหมด
	thángmòt
Everyone pays separately/let's go Dutch	ต่างคนต่างจ่าย/แยกกันจ่าย
	tàang khon tàang cài/yâehk kan cài
Could we have the menu again, please?	ขอเมนูอีกได้ไหมคะ/ครับ
	khăw mehnuu ìik dâi mái khá/khráp
The...is not on the bill	...ไม่ได้อยู่ในบิล...
	mâi dâi yùu nai bin

4.4 Complaints

Westerners tend to make a complaint or complain in order to improve the food or service, at least for the next person or, perhaps, for their next visit. Thais, on the other hand, rarely complain in this manner. You might see Thai body language expressed when someone is dissatisfied, but they will often accept what is done/given to them without comment. Instead of causing a fuss or showing distaste, Thais are unlikely to revisit a place that has displeased them. The following phrases are for those who feel the need to complain...

It's taking a very long time	ใช้เวลานานมาก
	chái wehlaa naan mâak
We've been here an hour already	เรารอเป็นชั่วโมงแล้ว
	rao raw pen chûamohng láeo
This must be a mistake	นี่ต้องมีอะไรผิด
	níi tâwng mii arai phìt
This is not what I ordered	นี่ไม่ใช่ที่สั่ง
	níi mâi châi thîi sàng
I ordered...	ฉันสั่ง...
	chán sàng...
There's a dish missing	หายไปจานหนึ่ง
	hăi pai caan nueng
This is broken/not clean	นี่ หัก/ไม่สะอาด
	níi *hàk/mâi sa-àat*

The food's cold _____	อาหารเย็นชืด	
	aahăan yen chûeht	
The food's not fresh _____	อาหารไม่สด	
	aahăan mâi sòt	
The food's too _____ salty/sweet/spicy	อาหาร เค็มไป/หวานไป/เผ็ดไป	
	aahăan khem pai/wăan pai/phèt pai	
The meat's too rare_____	เนื้อดิบไป	
	núea dìp pai	
The meat's overdone _____	เนื้อสุกไป	
	núea sùk pai	
The meat's tough _____	เนื้อเหนียว	
	núea n̂iao	
The meat is off/has gone bad	เนื้อ เสีย/มีกลิ่น	
	núea sĭa/mii klìn	
Could I have something else instead of this?	ขออะไรอย่างอื่นที่ไม่ใช่นี่ได้ไหม	
	khăw arai yàang ùehn thîi mâi châi n̂ii dâi mái	
The bill/this amount is not right	บิล/จำนวน นี้ไม่ถูกต้อง	
	bin/camnuan níi mâi thùuk tâwng	
We didn't have this_____	เราไม่มีนี่	
	rao mâi mii n̂ii	
There's no toilet paper_____ in the restroom	ไม่มีกระดาษชำระในห้องน้ำ	
	mâi mii kradàat chamrá nai hâwng náam	
Will you call the manager, please?	ช่วยเรียกผู้จัดการให้หน่อยค่ะ/ครับ	
	chûai rîak phûu càtkaan hâi nàwi khá/khráp	

4.5 Paying a compliment

That was a wonderful meal	อาหารอร่อยมาก
	aahăan aràwi mâak
The food was excellent _____	อาหารยอดเยี่ยม
	aahăan yâwt yîam
The...in particular was delicious	โดยเฉพาะ...อร่อยมาก
	doi chapháw...aràwi mâak

4.6 The menu

ขนมปัง bread	ขนมเค้ก cakes	ค่าบริการ cover charge
น้ำพริก chili sauce	แกง curry	ของหวาน dessert
เครื่องดื่ม drinks	คอร์สแรก first course	ปลา fish
น้ำปลา fish sauce	ผลไม้ fruit	ไอศครีม ice-cream
คอร์สหลัก main course	เนื้อ meat	ข้าว rice
สลัด salad	ค่าบริการ service charge (included)	อาหารเคียง/ผัก side dishes/ vegetables
อาหารว่าง snacks, entrées	ซุป soup	อาหารพิเศษ specialities
อาหารเรียกน้ำย่อย starter/hors d'oeuvres	ภาษี/แว็ท VAT	ผัก vegetables

4.7 List of drinks and dishes

Soups and entrées

Curry puffs	กะหรี่ปั๊บ
	karìi páp
Chicken in pandanus leaves	ไก่ห่อใบเตย
	kài hàwi bai toei
Chicken satay	ไก่สะเต๊ะ
	kài saté
Pork (and often prawn) toasts	ขนมปังหน้าหมู
	khanǒm pang nâa mǔu
Spicy minced meat	ลาบเนื้อ
	lâap núca
Sweet crisp beef	เนื้อหวาน
	núea wǎan
Fried stuffed crab	ปูจ๋า
	puu cǎa
Green papaya salad	ส้มตำ
	sôm tam
Chili fish cakes	ทอดมันปลา
	thâwt man plaa
Spicy prawn, coconut and galangal soup	ต้มข่าไก่
	tôm khàa kài
Hot and sour prawn soup	ต้มยำกุ้ง
	tôm yam kûng
Lobster salad with mint and lemon grass	ยำกุ้ง
	yam kûng
Eggplant salad	ยำมะเขือเผา
	yam mákhǔea phǎo
Thai beef salad	ยำเนื้อ
	yam núea
Squid salad	ยำปลาหมึก
	yam plaa mùek

Main meals

Steamed fish savory pudding	ห่อหมกปลา
	hàw mòk plaa
Stir-fried chicken with sweet basil leaves	ไก่ผัดใบกะเพรา
	kài phàt bai kapraw
Stir-fried chicken with ginger	ไก่ผัดขิง
	kài phàt khǐng
Stir-fried chicken with cashew nuts	ไก่ผัดเม็ดมะม่วงหิมพานต์
	kài phàt mét mámûang hǐmmáphaan
Heavenly chicken	ไก่สวรรค์
	kài sawǎn
Thai barbecued chicken from the NE	ไก่ย่างอิสาน
	kài yâang iisǎan
Corn and prawn soup	แกงจืดข้าวโพดอ่อน
	kaehng cùeht khâo phôht àwn
Lobster curry	แกงกะหรี่กุ้ง
	kaehng karìi kûng
Chicken green curry	แกงเขียวหวานไก่
	kaehng khǐao wǎan kài
Pumpkin and coconut soup	แกงเลียงฟักทอง
	kaehng liang fák thawng
Musaman beef curry	แกงมัสมั่นเนื้อ
	kaehng mátsamân núea

Spicy beef curry	แกงป่าเนื้อ
	kaehng pàa núea
Rice with roasted pork legs	ข้าวขาหมู
	khâo khǎa mǔu
Rice with steamed chicken	ข้าวมันไก่
	khâo man kài
Rice with red pork	ข้าวหมูแดง
	khâo mǔu daehng
Fried rice with prawns	ข้าวผัดมันกุ้ง
	khâo phàt man kûng
Pineapple fried rice	ข้าวผัดสับปะรด
	khâo phàt sapparót
Rice soup with prawn	ข้าวต้มกุ้ง
	khâo tôm kûng
Seafood and rice soup	ข้าวต้มโป๊ะแตก
	khâo tôm pó tàehk
Son-in-law eggs	ไข่ลูกเขย
	khài lûuk khǒei
Casserole of hard-boiled eggs, mushrooms and meat	ไข่พะโล้
	khài phalóh
Stuffed omelette	ไข่ยัดไส้
	khài yát sâi
Stuffed seafood omelette	ไข่ยัดไส้อาหารทะเล
	khài yát sâi aahǎan thaleh
Fried noodles with gravy-like sauce	ก๋วยเตี๋ยวราดหน้า
	kǔai ťiao râat nâa
Sweet crispy fried noodles	หมี่กรอบ
	mìi kràwp
Crisp pork	หมูกรอบ
	mǔu kràwp
Thai sweet and sour pork	หมูผัดเปรี้ยวหวาน
	mǔu phàt přiao wǎan
Sweet pork	หมูหวาน
	mǔu wǎan
Stir-fried beef with oyster sauce	เนื้อผัดน้ำมันหอย
	núea phàt námman hǎwi
Dry chicken curry	แพนงไก่
	phanaehng kài
Stir-fried spinach with garlic	ผัดผักบุ้ง
	phàt phàk bûng
Combination stir-fried pork and vegetables	ผัดผักรวมมิตร
	phàt phàk ruam mít
Chili beef	ผัดเผ็ดเนื้อ
	phàt phèt núea
Stir-fried seafood with basil	ผัดเผ็ดทะเล
	phàt phèt thaleh
Stir-fried noodles with soy sauce	ผัดซีอิ๊ว
	phàt sii-íu
Thai fried noodles	ผัดไทย
	phàt thai
Stir-fried bean sprouts	ผัดถั่วงอก
	phàt thùa ngâwk
Spicy chicken wings	ปีกไก่อบ
	pìik kài òp

Eating out

Eating out

Crisp fried snapper with chili sauce	ปลากรอบราดพริก plaa kràwp râat phrík
Squid with fresh green peppercorns	ปลาหมึกกระเทียมพริกไทย plaa mùek krathiam phrík thai
Baked fish with sweet and sour sauce	ปลาผัดเปรี้ยวหวาน plaa phàt prîao wăan
Hot seafood soup	โป๊ะแตก pó tàehk
Chili crab	ปูผัดพริก puu phàt phrík
Beef with oyster sauce	เนื้อผัดน้ำมันหอย núea phàt námman hăwi
Pork spare ribs	ซี่โครงหมูอบ sîi khrohng mŭu òp
Fried corn cakes	ทอดมันข้าวโพด thâwt man khâo phôht
Chicken and coconut soup	ต้มข่าไก่ tôm khàa kài
Spicy tofu salad	ย่าเต้าหู้ yam tâo hûu

Desserts

Golden silk	ฝอยทอง făwi thawng
Mangoes with sticky rice	ข้าวเหนียวมะม่วง khâo nĭao mámûang
Sticky rice with custard on top	ข้าวเหนียวสังขยา khâo nĭao săngkhayaa
Golden bean cakes	ขนมบัวลอย khanŏm bua lawi
Layered agar agar cake	ขนมชั้น khanŏm chán
Small coconut pancakes	ขนมครก khanŏm khrók
Banana pancakes	ขนมกล้วย khanŏm klûai
Coconut and agar agar cake	ขนมตะโก้ khanŏm tàkôh
Steamed coconut pudding	ขนมถ้วย khanŏm thûai
Eggs in light syrup	ไข่หวาน khài wăan
Bananas in coconut cream	กล้วยบวดชี klûai bùat chii
Bananas in syrup	กล้วยเชื่อม klûai chûeam
Fried bananas	กล้วยแขก klûai khàehk
Lychees in custard sauce	ลิ้นจี่ลอยเมฆ líncìi lawi mêhk
Mock jackfruit seeds	เม็ดขนุน mét khanŭn
Taro conserve cakes	เผือกกวน phùeak kuan
Tapioca with corn in syrup	สาคูเปียกข้าวโพด săakhuu pìak khâo phôht
Colored flour strands in syrup	สลิ่ม salìm

Steamed coconut pudding	สังขยา
	sǎngkhayaa
Coconut pumpkin custard	สังขยาฟักทอง
	sǎngkhayaa fák thawng
Baked coconut custard	สังขยามะพร้าวอ่อน
	sǎngkhayaa máphráo àwn
Coconut custard with jackfruit	สังขยาหน้าขนุน
	sǎngkhayaa nâa khanǔn
Pomelo in light syrup	ส้มโอลอยแก้ว
	sôm-oh lawi kâeo
Ruby pieces dessert	ทับทิมกรอบ
	tháp thim kràwp
Coconut jelly	วุ้นกะทิ
	wún kathí
Coconut ice-cream	ไอศครีมกะทิ
	ais(a)khriim kathí
Custard apple ice-cream	ไอศครีมน้อยหน่า
	ais(a)khriim náwi-nàa

Drinks

Hot black coffee	กาแฟดำร้อน
	kaafaeh dam ráwn
Coffee	กาแฟ
	kaafaeh
strong	แก่
	kàeh
weak	ไม่แก่
	mâi kàeh
with cream	ใส่ครีม
	sài khriim
with sugar	ใส่น้ำตาล
	sài námtaan
Tea	น้ำชา
	náam chaa
with milk	ใส่นม
	sài nom
with sugar	ใส่น้ำตาล
	sài námtaan
Ginger drink	น้ำขิง
	náam khǐng
Longan juice	น้ำลำไย
	náam lamyai
Papaya juice	น้ำมะละกอ
	náam málákaw
Limeade, lemonade	น้ำมะนาว
	náam manao
Young coconut juice	น้ำมะพร้าวอ่อน
	náam máphráo àwn
Orange juice	น้ำส้มคั้น
	náam sôm khán
Sugarcane juice	น้ำอ้อย
	náam âwi
Cold sweet black coffee	โอเลี้ยง
	ohlíang
Hot black coffee	โอยั๊วะ
	ohyúa

Eating out

Eating out

Nibbles

Stuffed pancake	ขนมเบื้อง
	khanǒm bûeang
Baby curry puffs	ขนมปั้นขลิบ
	khanǒm pân khlìp
Fried potatoes, fries	มันทอด
	man thâwt
Potato crisps	มันทอดกรอบ
	man thâwt kràwp
Stuffed tapioca	สาคูไส้หมู
	sǎakhuu sâi mǔu
Fried tofu	เต้าหู้ทอด
	tǎo hûu thâwt

On the road

5.1	**A**sking for directions	54
5.2	**C**ustoms	55
5.3	**L**uggage	56
5.4	**T**raffic signs	57
5.5	**T**he car	60
	The parts of a car	*58-59*
5.6	**T**he gas station	60
5.7	**B**reakdown and repairs	61
5.8	**T**he motorcycle/bicycle/	64
	The parts of a bicycle	*62–63*
5.9	**R**enting a vehicle	64
5.10	**H**itchhiking	65

5 On the road

5.1 Asking for directions

Excuse me, could I ask you something?	ขอโทษ ขอถามอะไรหน่อยได้ไหมคะ/ครับ khăw thôht, khăw thăam arai nàwi dâi mái khá/khráp
I've lost my way	ฉันหลงทาง chán lŏng thaang
Is there a... around here?	แถวนี้มี...บ้างไหม thăeo níi mii...bâang mái
Is this the way to...?	นี่ทางไป...ใช่ไหม nîi thaang pai...châi mái
Could you tell me how to get to...?	ช่วยบอกทางไป...หน่อยได้ไหมคะ/ครับ chûai bàwk thaang pai...nàwi dâi mái khá/khráp
What's the quickest way to...?	ไป...ทางไหนเร็วที่สุด pai...thaang năi reo thîi sùt
How many kilometers is it to...?	ไป...กี่กิโล pai...kìi kiloh
Could you point it out on the map?	ช่วยชี้ในแผนที่ให้หน่อยได้ไหม chûai chíi nai phăehn thîi hâi nàwi dâi mái

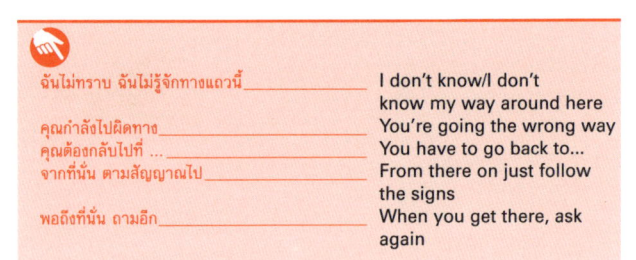

ฉันไม่ทราบ ฉันไม่รู้จักทางแถวนี้	I don't know/I don't know my way around here
คุณกำลังไปผิดทาง	You're going the wrong way
คุณต้องกลับไปที่...	You have to go back to...
จากที่นั่น ตามสัญญาณไป	From there on just follow the signs
พอถึงที่นั่น ถามอีก	When you get there, ask again

ตรงไป Go straight ahead	ถนน the road/street	แม่น้ำ the river
เลี้ยวซ้าย Turn left	ไฟจราจร the traffic light	สะพานลอย the overpass
เลี้ยวขวา Turn right	อุโมงค์ the tunnel	สะพาน the bridge
สี่แยก/ถนนตัดกัน the intersection/ crossroads	ป้ายหยุด the 'yield' sign	ทางข้าม the grade/rail crossing
	ตึก the building	
ตามไป Follow	ที่มุมถนน at the corner	ป้ายชี้ไปที่... the signs pointing to
ข้าม Cross		ลูกศร the arrow

5.2 Customs

● **In Thailand,** it is advisable to carry some form of identification such as your passport with you. Thailand is famous for producing false IDs, so a passport is more acceptable. You'll need it when changing money.

Border documents: valid passport. No visa is required if staying for 30 days or less. A straightforward way to 'stay longer' in Thailand is to leave the Thai kingdom, and re-enter it. You go to the border, e.g. Hat Yai on the Thai-Malaysian or Nong Khai on the Thai-Lao border, and have your passport stamped 'out'; then you re-enter with it stamped 'in,' and can stay for up to another 30 days. Longer periods (up to six months) require a visa that can be stamped with a limited number of entries into Thailand. Such visas must be obtained from the Thai embassy or consulate in your city before leaving. Charges apply.

Import and export specifications

Foreign currency: there are no restrictions on the import of currency into Thailand (amounts over US$10,000 must be declared). While cash is handy, travelers' cheques are recommended for safety and security. The Customs Hall has red (châwng sǐi daehng) and green (châwng sǐi khǐao) channels for 'goods to declare' and 'nothing to declare' respectively. Thai Customs can be difficult if you do not act responsibly, and fines of four times assessed value are charged when restricted goods are found. Thai Customs allow the import without duty on:
– Alcohol: 1 liter of spirits, liquor or wine
– Tobacco: 200 cigarettes or 250 grams of cigars or tobacco
– Camera: 1 still camera with 5 rolls of film or 1 video camera and 3 films

You must be aged 18 or over to import alcohol and tobacco. The above restrictions apply to all alcohol and tobacco purchased in duty-free shops. Personal items of up to 10,000 baht in total value are not likely to attract duty.

On leaving the kingdom, there are limits on the export of Thai currency. An airport tax of 500 baht per person (adults and children) applies at check-in on departure (for domestic destinations, 60 baht applies).

ขอหนังสือเดินทางค่ะ/ครับ _____	Your passport, please
ขอบัตรสีเขียวค่ะ/ครับ _____	Your green card, please
ขอใบขับขี่ค่ะ/ครับ _____	Your vehicle documents, please
ขอวีซ่าค่ะ/ครับ _____	Your visa, please
คุณจะไปไหน	Where are you going?
คุณคิดจะอยู่นานเท่าไหร่ _____	How long are you planning to stay?
คุณมีอะไรจะแจ้งไหม _____	Do you have anything to declare?
เปิดนี่หน่อยค่ะ/ครับ _____	Open this, please

My children are entered   ลูก ๆ ใช้หนังสือเดินทางนี้
  on this passport   lôuk lôuk chái nǎngsǔeh doehn thaang níi
I'm traveling through _____ ฉันเดินทางผ่าน
                               chán doehn thaang phàan

55

I'm going on vacation to...	ฉันไปท่องเที่ยวที่...
	...chán pai thâwng thîao thîi...
I'm on a business trip	ฉันไปทำธุรกิจ
	chán pai tham thurákìt
I don't know how long I'll be staying	ฉันไม่ทราบจะอยู่นานเท่าไหร่
	chán mâi sâap ca yùu naan thâorài
I'll be staying here for a weekend	ฉันจะอยู่สักเสาร์อาทิตย์หนึ่ง
	chán ca yùu thîi nîi sák săo aathít nueng
I'll be staying here for a few days	ฉันจะอยู่สักสองสามวัน
	chán ca yùu thîi nîi sák săwng săam wan
I'll be staying here a week	ฉันจะอยู่สักสัปดาห์หนึ่ง
	chán ca yùu thîi nîi sák sàpdaa nueng
I'll be staying here for two weeks	ฉันจะอยู่สักสองสัปดาห์
	chán ca yùu thîi nîi sák săwng sàpdaa
I've got nothing to declare	ฉันไม่มีอะไรจะแจ้ง
	chán mâi mii arai ca câehng
I have...	ฉันมี...
	...chán mii...
– a carton of cigarettes	บุหรี่หนึ่งคาร์ตัน
	bùrìi nùeng khaatân
– a bottle of...	...หนึ่งขวด...
	...nùeng khùat
– some souvenirs	ของที่ระลึก
	khăwng thîi ralúek
These are personal items	นี่ของใช้ส่วนตัว
	nîi khăwng chái sùan tua
These are not new	นี่ไม่ใหม่
	nîi mâi mài
Here's the receipt	นี่ใบเสร็จ
	nîi bai sèt
This is for private use	นี่สำหรับใช้ส่วนตัว
	nîi sămràp chái sùan tua
How much import duty do I have to pay?	ฉันต้องเสียภาษีขาเข้าเท่าไหร่
	chán tâwng sĭa phaasĭi khăa khâo thâorài
May I go now?	ฉันไปได้หรือยัง
	chán pai dâi rúe yang

5.3 Luggage

Porter!	น้อง
	náwng
Could you take this luggage to...?	ช่วยขนกระเป๋านี้ไปที่...ได้ไหม
	...chûai khŏn krapăo nîi pai thîi...
How much do I owe you?	ต้องจ่ายเท่าไหร่
	tâwng cài thâorài
Where can I find a cart?	เอารถเข็นได้ที่ไหน
	ao rót khĕn dâi thîi năi
Could you store this luggage for me?	คุณช่วยเก็บกระเป๋านี้ให้หน่อยได้ไหม
	khun chûai kèp krapăo níi hâi nàwi dâi mái
Where are the luggage lockers?	ล็อคเกอร์เก็บกระเป๋าอยู่ที่ไหน
	láwkkôeh kèp krapăo yùu thîi năi
I can't get the locker open	ฉันเปิดล็อคเกอร์ไม่ได้
	chán pòeht láwkkôeh mâi dâi
How much is it per item per day?	ชิ้นละเท่าไหร่ต่อวัน
	chín lá thâorài tàw wan

56

My suitcase is damaged ___ กระเป๋าเดินทางของฉันชำรุด
krapǎo doehn thaang khǎwng chán chamrút

There's one _____ มี ของ/กระเป๋า/กระเป๋าเดินทาง หายอันหนึ่ง
  item/bag/suitcase missing mii *khǎwng/krapǎo/krapǎo doehn* thaang hǎi an nueng

This is not my_____ นี่ไม่ใช่ กระเป๋า/กระเป๋าเดินทาง ของฉัน
  bag/suitcase nîi mâi châi *krapǎo/krapǎo doehn thaang* khǎwng chán

5.4 Traffic signs

ระวัง	ระวัง หินตก	ทางโค้ง
beware	beware, falling rocks	curves
เปลี่ยนเลน	เขตควบคุม	อย่าขวางทาง
change lanes	control zone	do not obstruct
อันตราย	ทางเบี่ยง	ทางออก
danger(ous)	detour	exit
ทางรถเข้าบ้าน	ช่องทางฉุกเฉิน	ไหล่ถนนที่แซงไม่ได้
driveway	emergency lane	impassable shoulder
ทางข้ามรถไฟ	รถบรรทุกหนัก	ห้ามเข้า/ห้ามคนเดินเท้า
grade/rail crossing	heavy trucks	no access/no pedestrian access
สี่แยก/ถนนตัดกัน	ชิดขวา/ซ้าย	ห้ามโบกรถ
intersection/ crossroads	keep right/left	no hitchhiking
ทางแคบ	ห้ามเข้า	ความสูงที่รถลอดได้
narrowing in the road	no entry	maximum headroom
ห้ามผ่าน/ห้ามจอด	ห้ามเลี้ยวขวา/ซ้าย	ป้ายแสดงสิทธิ์จอดรถ (ติดกระจกหน้ารถ)
no passing/no parking	no right/left turn	parking disk (on front windscreen)
ความเร็วสูงสุด	รถเดินทางเดียว	ที่จอดรถเสียเงิน/ที่จอดรถสำรองเพื่อ
maximum speed	one way	paying car park/ parking reserved for
ที่จอดรถจำกัดเวลา	บัตรจอดรถ	
parking for a limited period	parking sticker	
ทางม้าลาย	ฝนหรือน้ำแข็ง...กม.	ทางที่มีสิทธิ์ไปก่อน
pedestrian walk/crossing	rain or ice for...km	right of way
มีสิทธิ์ไปก่อนที่สุดถนน	หน่วยช่วยเหลือข้างถนน (บริการรถเสีย)	ถนนที่ถูกกั้น
right of way at end of road	road assistance (breakdown service)	road blocked
ถนนปิด	งานซ่อมถนน	ปั๊มน้ำมัน
road closed	road works	service station
ขับช้าๆ	หยุด	อู่ซ่อมรถ/ที่จอดรถมีคนเฝ้า
slow down	stop	supervised garage/ parking lot
จอดชั่วคราว	จ่ายค่าผ่านทาง	
temporary parking	toll payment	
เกาะกลางถนน	อุโมงค์	
traffic island	tunnel	
เปิดไฟหน้า	เขตห้ามจอดรถ (สองข้างถนน)	
turn on headlights (in the tunnel)	tow-away area (both sides of the road)	
	พื้นผิวขรุขระ/ไม่เรียบ	
	broken/uneven surface	

The parts of a car (the diagram shows the numbered parts)

1	battery	แบ็ตเตอรี่	bàettoehrîi
2	rear light	ไฟท้าย	fai thái
3	rear-view mirror	กระจกส่องหลัง	kracòk sàwng lăng
	back up light	ไฟเสริม	fai sŏehm
4	aerial	เสาอากาศ	săo aakàat
	car radio	วิทยุติดรถยนต์	wítthayú rót yon
5	gas tank	ถังน้ำมัน	thăng námman
6	spark plugs	หัวเทียน	hŭa thian
	fuel filter/pump	ปั้มน้ำมัน	pám námman
7	side mirror	กระจกส่องข้าง	kracòk sàwng khâang
8	bumper	กันชน	kan chon
	carburetor	คาร์บูเรเตอร์	khaabuurehtôeh
	crankcase	ห้องเพลาข้อเหวี่ยง	hâwng phlao khâw wìang
	cylinder	ลูกสูบ	lûuk sùup
	ignition	ไฟเครื่องยนต์	fai khrûeang yon
	warning light	สัญญาณเตือน	sănyaan tuean
	generator	เครื่องกำเนิดไฟฟ้า	khrûeang kamnòeht fai fáa
	accelerator	คันเร่ง	khan rêng
	handbrake	เบรคมือ	brèhk mueh
	valve	ลิ้นปิดเปิด	lín pìt pòeht
9	muffler	หม้อพักไอเสีย	mâw phák ai sĭa
10	trunk	กระโปรงหลัง	kraprohng lăng
11	headlight	ไฟหน้า	fai nâa
	crank shaft	เพลาข้อเหวี่ยง	phlao khâw wìang
12	air filter	หม้อกรองอากาศ	mâw krawng aakàat
	fog lamp	ไฟตัดหมอก	fai tàt màwk
13	engine block	เครื่องยนต์	khrûeang yon
	camshaft	เพลาลูกเบี้ยว	phlao lûuk bîao
	oil filter/pump	เครื่องกรอง/เครื่องสูบน้ำมันหล่อลื่น	*khrûeang krawng/khrûeang sùup* námman làwi lûehn
	dipstick	ก้านวัดระดับน้ำมันหล่อลื่น	kâan wát radàp námman làw lûehn
	pedal	แป้น	pâehn
14	door	ประตู	pratuu
15	radiator	หม้อน้ำ	mâw náam
16	brake disc	จานเบรก	caan brèhk
	spare wheel	ยางอะไหล่	yaang alài
17	indicator	สัญญาณไฟเตือน	sănyaan fai tuean
18	windshield	กระจกหน้า	kracòk nâa
	wiper	ที่ปัดน้ำฝน	thîi pàt nám fŏn
19	shock absorbers	โช้คอัป	chók àb
	sunroof	หน้าต่างหลังคารถ	nâatàang lăngkhaa rót
	spoiler	ร่องระบายอากาศ	râwng rabai aakàat
	starter motor	แกนพวงมาลัย	kaehn phuang maalai
20	steering column	พวงมาลัย	phuang maalai
21	exhaust pipe	ท่อไอเสีย	thâw ai sĭa
22	seat belt	เข็มขัดนิรภัย	khĕm khàt niráphai
	fan	พัดลม	phátlom
23	distributor	จานจ่ายไฟ	caan cài fai
	cables	สายเคเบิล	săi khehbôen
24	gear shift	คันเกียร์	khan kia
25	windscreen	กระจกหน้ารถ	kracòk nâa rót
	water pump	เครื่องสูบน้ำ	khrûeang sùup náam
26	wheel	ล้อ	láw
27	hubcap	จานปิดดุมล้อรถ	caan pìt dum láw rót
	piston	ลูกสูบ	lûuk sùup

On the road 5

On the road

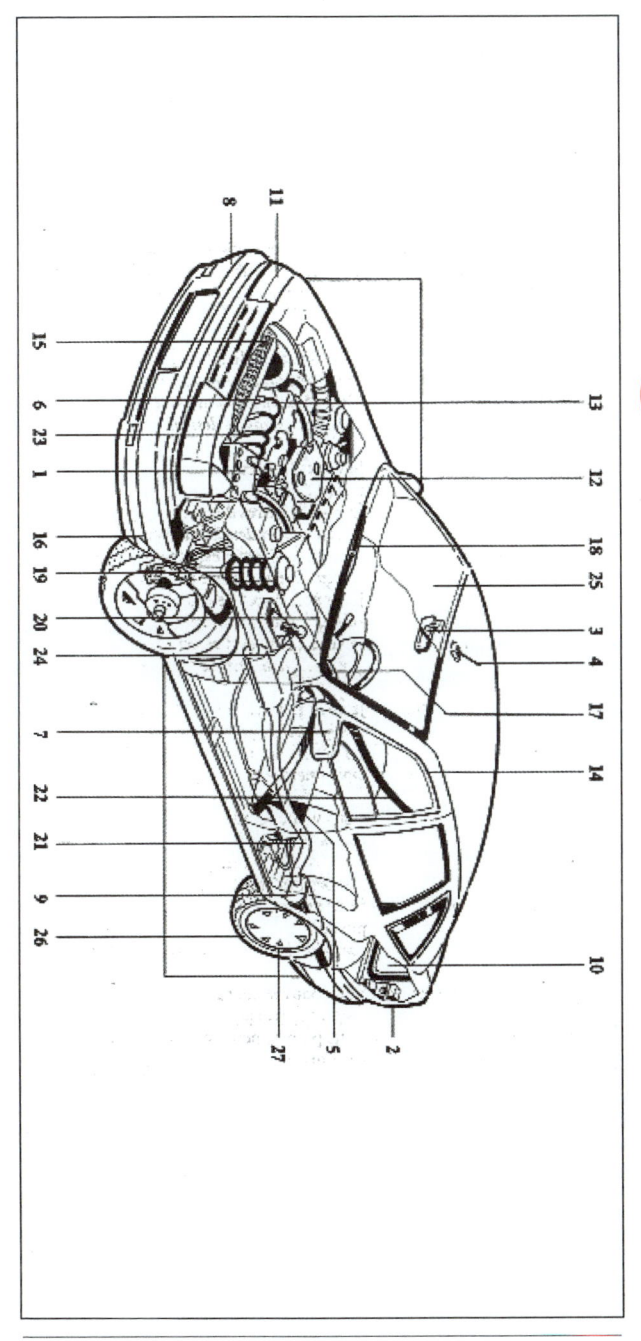

5.5 The car

See the diagram on page 59.

● Particular traffic regulations

Thais drive on the left as in UK, Ireland, Hong Kong, Singapore, and Australia.

For **car and motorbike**: you'll need your own driving license as well as an international one, issued outside Thailand, valid for the type of vehicle you are going to drive.

Trailer: these are rare in Thailand. It's best to hire a small truck (rót kabà lék) and driver (khon khàp) to carry large items. For smaller items, a utility (rót sǎwng thǎeo) will do.

Emergency equipment is not compulsory by any means, but you'd be wise to take a bulb kit, fire extinguisher and first-aid kit.

Roads upcountry are generally sealed, but you'll need to be wary of ten-wheeled trucks (rót sìp láw) that tend to hog the highway.

If your hired car should break down, phone the number displayed on, or near the dashboard, or refer to the car hire company's documentation. Broken down or parked vehicles must be parked on the side, or shoulder, of the road and display a warning sign. Your car's rear lights must be used to provide a warning for other road users after nightfall.

Speed limits: on super highways are up to 110 km/h, on major highways the limit is 100 km/h, reducing to 80 km/h where signposted. The limit is 60 km/h in urban areas.

5.6 The gas station

Major international oil companies operate gas stations throughout Thailand. These are open 24 hours on main highways, but if they are far from the major roads, stations open around 5 am and close at about 8 pm. Gas stations rarely have repair shops on their premises, but can perform simple servicing and change tires if required. The approximate cost of gas in Thailand is 16–17 baht per liter for premium or super, 15-16 baht for regular gas and 14–15 baht for diesel.

How many kilometers ____ to the next gas station, please?	อีกกี่กิโลถึงปั๊มน้ำมันข้างหน้า ìik kìi kiloh thǔeng pám námman khâng nâa
I would like...liters of _____	ช่วยเติม...ลิตร chuâi toehm...lít
– super _____	ซูเปอร์ suupôeh
– leaded _____	น้ำมันสารตะกั่ว námman sǎan takùa
– unleaded _____	น้ำมันไร้สารตะกั่ว námman rái sǎan takùa
– diesel _____	ดีเซล diisehn
...liter worth of gas _____	แก๊ส...ลิตร káeht...lít
Fill it up, please _____	เติมเต็มค่ะ/ครับ toehm tem khâ/khráp

Could you check...?	ช่วยตรวจ...ให้หน่อยค่ะ/ครับ
	chûai trùat...hâi nàwi khâ/khráp
– the oil level	ระดับน้ำมันเครื่อง
	rádàp námman khrûeang
– the tire pressure	ลมล้อ
	lom láw
Could you change the oil, please?	ช่วยเปลี่ยนน้ำมันเครื่องให้หน่อยค่ะ/ครับ
	chûai plìan námman khrûeang hâi nàwi khâ/khráp
Could you clean the windshield, please?	ช่วยเช็ดกระจกหน้าให้หน่อยค่ะ/ครับ
	chûai chét kracòk nâa hâi nàwi khâ/khráp
Could you wash the car, please?	ช่วยล้างรถให้หน่อยค่ะ/ครับ
	chûai láang rót hâi nàwi khâ/khráp

5.7 Breakdown and repairs

My car has broken down, could you give me a hand?	รถเสีย ช่วยหน่อยได้ไหมคะ/ครับ
	rót sĭa, chûai nàwi dâi mái khâ/khráp
I have run out of gas	น้ำมันหมดค่ะ/ครับ
	námman mòt khâ/khráp
I've locked the keys in the car	ฉันลืมกุญแจไว้ในรถค่ะ/ครับ
	chán luehm kuncaeh wái nai rót khâ/khráp
The car/motorbike/ moped won't start	รถ/มอเตอร์ไซค์/จักรยานยนต์ สตาร์ตไม่ติด
	rót/mawtôehsai/càkrayaan yon satàat mâi tìt
Could you contact the breakdown service for me, please?	ช่วยติดต่อบริการรถเสียให้หน่อยได้ไหมคะ/ครับ
	chûai tìt tàw bawríkaan rót sĭa hâi nàwi dâi mái khâ/khráp
Could you call a garage for me, please?	ช่วยโทร.หาอู่ซ่อมรถให้หน่อยได้ไหมคะ/ครับ
	chûai thoh hăa ùu sâwm rót hâi nàwi dâi mái khâ/khráp
Could you give me a lift...?	ช่วยไปส่งที่...ให้หน่อยได้ไหมคะ/ครับ
	chûai pai sòng thîi...hâi nàwi dâi mái khâ/khráp
– to the nearest garage?	อู่ซ่อมรถที่ใกล้ที่สุด
	ùu sâwm rót thîi klâi thîi sùt
– to the nearest town?	เมืองที่ใกล้ที่สุด
	mueang thîi klâi thîi sùt
– to the nearest telephone booth?	ตู้โทรศัพท์ที่ใกล้ที่สุด
	tûu thohrásàp thîi klâi thîi sùt
– to the nearest emergency phone?	โทรศัพท์ฉุกเฉินที่ใกล้ที่สุด
	thohrásàp chùk chŏehn thîi klâi thîi sùt
Can we hire a moped/ car around here?	เราเช่า จักรยานยนต์/รถ แถวนี้ได้ไหม
	rao châo càkrayaan yon/rót thăeo níi dâi mái
Could you tow me to a garage?	ช่วยลากรถไปที่อู่หน่อยได้ไหม
	chûai lâak rót pai thîi ùu nàwi dâi mái
There's probably something wrong with...	คงจะมีอะไรผิดปกติกับ...
	khong ca mii arai phìt pòkkatì kàp...
Can you fix it?	คุณซ่อมได้ไหม
	khun sâwm dâi mái
Could you fix my tire?	คุณซ่อมยางรถให้หน่อยได้ไหม
	khun sâwm yaang rót hâi nàwi dâi mái
Could you change this wheel?	คุณเปลี่ยนล้อนี้ให้หน่อยได้ไหม
	khun plìan láw nĭi hâi nàwi dâi mái

The parts of a bicycle
(the diagram shows the numbered parts)

1	rear light	ไฟหลัง	fai lăng
2	rear wheel	ล้อหลัง	láw lăng
3	(luggage) carrier	ที่ใส่สัมภาระ	thîi sài sămphaará
4	fork	ตะเกียบล้อ	takìap láw
5	bell	กระดิ่ง	kradìng
	inner tube	ยางใน	yaang nai
	tire	ยาง	yaang
6	peddle crank	คันถีบ	khan thìip
7	gear change	ที่เปลี่ยนเกียร์	thîi plìan kia
	wire	ซี่ลวด	sîi lûat
	generator	จานจ่ายไฟ	caan cài fai
	bicycle trailer	ที่ซ้อนท้าย	thîi sâwn thái
	frame	โครง	khrohng
8	wheel guard	กระบังล้อ	krabang láw
9	chain	โซ่	sôh
	chain guard	กระบังโซ่	krabang sôh
	speedometer	มาตราวัดความเร็ว	mâatraa wát khwaam reo
	child's seat	อานนั่งสำหรับเด็ก	aan năng sămràp dèk
10	headlight	ไฟหน้า	fai nâa
	bulb	หลอดไฟ	láwt fai
11	pedal	คันถีบ	khan thìip
12	pump	กระบอกสูบลม	krabàwk sùup lom
13	reflector	แผ่นสะท้อนแสง	phàen satháwn săehng
14	brake shoe	ส่วนท้ามล้อที่บีบกับล้อ	sùan hâam láw thîi bìip kàp láw
15	brake cable	สายเบรค	săi brèhk
16	anti-theft device	เครื่องมือกันขโมย	khrûeang mueh kan khamoi
17	carrier straps	สายผูกสัมภาระ	săi phùuk sămphaará
	tachometer	เครื่องวัดความเร็ว	khrûeang wát khwaam reo
18	spoke	ซี่ลวดล้อ	sîi lûat láw
19	mudguard	บังโคลนล้อหลัง	bang khlohn láw lăng
20	handlebar	คันบังคับเลี้ยว	khan bangkháp líao
21	chain wheel	เฟืองล้อขับ	fueang láw kháp
	toe clip	ที่รัดเท้า	thîi rát tháo
22	crank axle	แกนข้อเหวี่ยง	kaehn khâw wìang
	drum brake	ระบบเบรกแบบดรัม	rabòp brèhk bàehp dram
23	rim	ขอบล้อ	khàwp láw
24	valve	ลิ้นปิดเปิด	lín pìt pòeht
25	gear cable	สายเกียร์	săi kia
26	fork	โครง	khrohng
27	front wheel	ล้อหน้า	láw nâa
28	seat	อานนั่ง	aan nâng

5 On the road

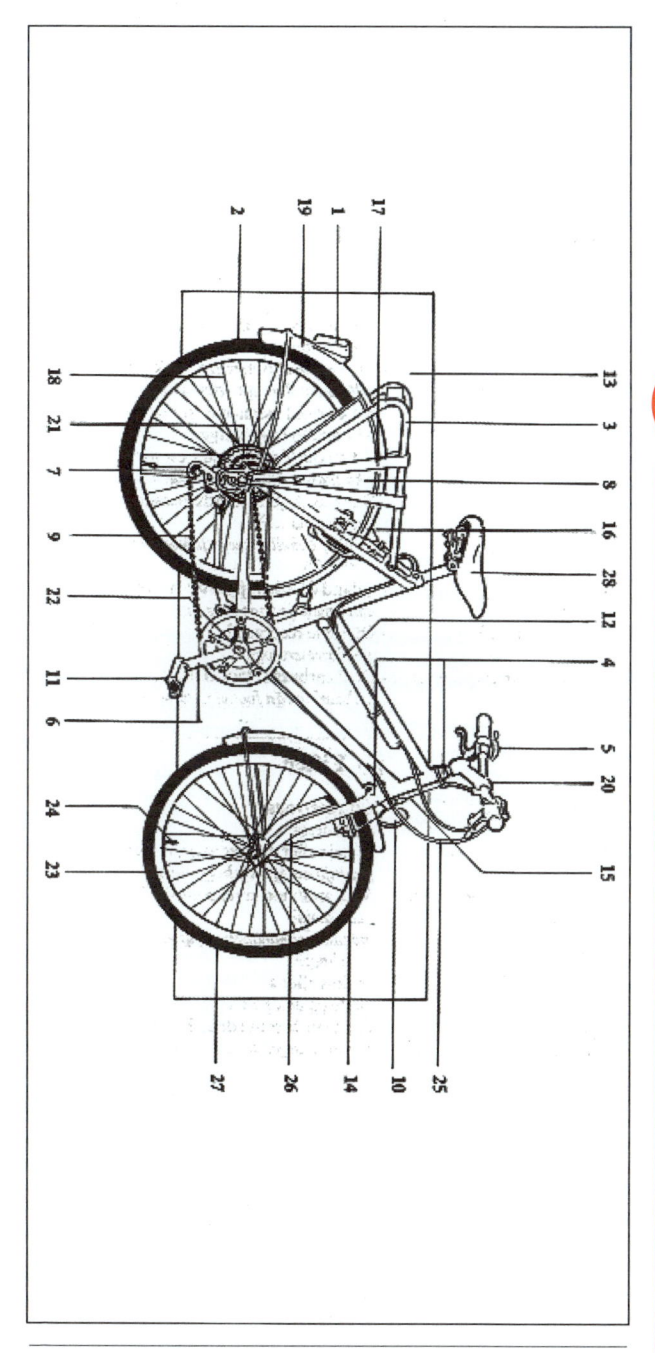

Can you fix it so it'll get me to...?	คุณซ่อมให้หน่อยได้ไหมคะ/ครับ ฉันจะได้ไปที่...
	khun sâwm hâi nàwi dâi mái khâ/khráp, chán ca dâi pai thîi...
Which garage can help me?	อู่ไหนซ่อมได้คะ/ครับ
	ùu nǎi sâwm dâi khâ/khráp
When will my car/bicycle be ready?	รถ/จักรยาน ของผมจะเสร็จเมื่อไหร่
	rót/cakrayaan khǎwng phǒm/dichán ca sèt mûearài
Have you finished?	คุณทำเสร็จแล้วหรือ
	khun tham sèt láeo lǒeh
Can I wait for it here?	ฉันรอที่นี่ได้ไหม
	chán raw thîi nîi dâi mái
How much will it cost?	ทั้งหมดเท่าไหร่
	tháŋmòt thâorài
Could you itemize the bill?	ช่วยแจ้งรายละเอียดของบิลหน่อยได้ไหม
	chûai câehng rai lá-ìat khǎwng bin nàwi dâi mái
Could you give me a receipt for insurance purposes?	ขอใบเสร็จไปให้ประกันหน่อยได้ไหมคะ/ครับ
	khǎw bai sèt pai hâi prakan nàwi dâi mái khâ/khráp

5.8 The motorcycle/bicycle

See the diagram on page 63.

● Bikes can be hired in most Thai towns. Don't expect much consideration for bikes on the roads, however. Motorcycles may be tuned to be slightly noisy and to emit a certain amount of exhaust. Be aware that there are new pollution laws, and associated crackdowns by Thai police are common. There are no special speed limits for motorcycles; the same limits as cars apply, but you have to wear a crash helmet. Two (and sometimes more) can ride the same bike along with considerable baggage/goods in some cases, although such behavior is not recommended for the tourist!

ผมไม่มีอะไหล่รถ/จักรยานของคุณ	I don't have parts for your car/bicycle
ผมต้องสั่งอะไหล่มาจากที่อื่น	I have to get the parts from somewhere else
ผมต้องสั่งอะไหล่มา	I have to order the parts
จะใช้เวลาครึ่งวัน	That'll take half a day
จะใช้เวลาหนึ่งวัน	That'll take a day
จะใช้เวลาสองสามวัน	That'll take a few days
จะใช้เวลาหนึ่งอาทิตย์	That'll take a week
รถคุณพังจนไม่คุ้มที่จะซ่อม	Your car is a write-off
ซ่อมไม่ได้	It can't be repaired
รถ/มอเตอร์ไซค์/จักรยานยนต์/ จักรยานจะเสร็จตอน ...โมง	The car/motor bike/moped/ bicycle will be ready at ...o'clock

5.9 Renting a vehicle

I'd like to rent a...	ฉันอยากเช่า...
	chán yàak châo...
Do I need a (special) license for that?	ฉันต้องมีใบอนุญาต(พิเศษ)หรือเปล่า
	chán tâwng mii bai anúyâat (phísèht) rúe plào
I'd like to rent the... for...	ฉันอยากเช่า...นาน...
	chán yàak châo...naan...
a day	...หนึ่งวัน...
	nùeng wan
two days	...สองวัน...
	sǎwng wan
How much is that per day/week?	วันละ/อาทิตย์ละ เท่าไหร่
	wan lá/aathít lá thâorài
How much is the deposit?	ค่ามัดจำเท่าไร
	khâa mátcam thâorài
Could I have a receipt for the deposit?	ขอใบเสร็จค่ามัดจำด้วยได้ไหม
	khǎw bai sèt khâa mátcam dûai dâi mái
How much is the surcharge per kilometer?	ค่าปรับกิโลเมตรละเท่าไหร่
	khâa pràp kilohmét lá thâorài
Does that include petrol?	รวมน้ำมันด้วยหรือเปล่า
	ruam námman dûai rúe plào
Does that include insurance?	รวมประกันด้วยหรือเปล่า
	ruam prakan dûai rúe plào
What time can I pick the...up?	มารับ...ได้เมื่อไหร่
	maa ráp...dâi mûearài
When does the... have to be back?	ต้องส่ง...คืนเมื่อไหร่
	tâwng sòng...khuehn mûearài
What sort of fuel does it take?	ใช้น้ำมันอะไร
	chái námman arai

5.10 Hitchhiking

Where are you heading?	คุณจะไปทางไหน
	khun ca pai thaang nǎi
Can my friend come too?	เพื่อนฉันไปด้วยได้ไหม
	phûean chán pai dûai dâi mái
I'd like to go to...	ฉันอยากไป...
	chán yàak pai...
Is that on the way to...?	นั่นทางไป...ใช่ไหม
	nân thaang pai...châi mái
Could you drop me off...?	ขอลงที่...ได้ไหม
	khǎw long thîi...dâi mái
– at the entrance to the highway?	ทางเข้าไฮเวย์
	thaang khâo hai-weh
– in the center?	ตรงกลาง
	trong klaang
– at the next intersection?	สี่แยกหน้า
	sìi yâehk nâa
Could you stop here, please?	จอดที่นี่ได้ไหมคะ/ครับ
	càwt thîi nîi dâi mái khá/khráp
I'd like to get out here	ฉันขอลงตรงนี้ค่ะ/ครับ
	chán khǎw long trong níi khá/khráp
Thanks for the lift	ขอบคุณที่มาส่ง
	khàwp khun thîi maa sòng

On the road

Public transportation

6.1	**I**n general	67
6.2	**Q**uestions to passengers	68
6.3	**T**ickets	69
6.4	**I**nformation	70
6.5	**A**irplanes	71
6.6	**T**rains	72
6.7	**T**axis	72

6 Public transportation

6.1 In general

● **Bus tickets** are purchased on buses, whether private or public routes, from either the driver or the conductor who shouts out pâi or pai to the driver, depending upon whether the bus is to stop or to go. Thai train tickets must be purchased from stations. Be sure to state single or return, and try to travel first or second class.

Buses, taxis and tuktuks (túk túk) (three-wheeled motorized taxis) are the preferred mode of travel around town, with bicycles, mopeds or motorcycles available for hire in the provinces. Many major sois (lanes) in Bangkok have motorcycles ready to take pillion passengers into the smaller sois for a few baht. If you'd prefer to travel on the river, you can hire a long-tailed boat (ruea hăang yao) for a fast ride, or take a ferry boat for a cheap and easy way to cross the Chaopraya river (mâehnáam cáo phráyaa).

In Bangkok, skytrain tickets are available from ticket vending machines at stations en route. Tickets must be purchased for the particular zone to zone travel, but can be bought for several trips, and on a weekly or monthly basis as well.

Announcements

รถไฟไป...จะเสียเวลา(ราว)...นาที	The [time] train to...has been delayed by (about)...minutes
รถไฟไป...กำลังเข้าชานชาลาที่...	The train to...is now arriving at platform...
รถไฟจาก...กำลังเข้าชานชาลาที่...	The train from...is now arriving at platform...
รถไฟไป...จะออกจากชานชาลาที่...	The train to...will leave from platform...
วันนี้รถไฟไป...จะออกจากชานชาลาที่...	Today the [time] train to... will leave from platform...
สถานีต่อไปคือ...	The next station is ...

Where does this train/ skytrain go to?	รถไฟ/รถไฟลอยฟ้า นี้ไปไหน rót fai/rót fai lawi fáa níi pai năi
Does this boat go to...?	เรือลำนี้ไป...หรือเปล่า ruea lam níi pai...rúe plào
Can I take this bus to...?	ฉันขึ้นรถเมล์คันนี้ไป...ได้ไหม chán khûen rót meh khan níi pai...dâi mái
Does this train stop at...?	รถไฟนี้จอดที่...หรือเปล่า rót fai níi càwt thîi...rúe plào
Does this bus stop at...?	รถเมล์คันนี้จอดที่...หรือเปล่า rót meh khan níi càwt thîi...rúe plào

Is this seat taken/free/ reserved?	ที่นี่มีคน นั่ง/ว่าง/จองไว้ หรือเปล่า thîi nîi mii khon *nâng/wâang/cawng* wái rúe plào
I've reserved...	ฉันจอง... chán cawng...
Could you tell me where I have to get off for... ?	ช่วยบอกด้วยนะคะ/ครับว่า...ต้องลงที่ไหน chûai bàwk dûai ná khá/khráp wâa pai...tâwng long thîi nǎi
Could you let me know when we get to...?	ถึง...แล้วช่วยบอกด้วยนะคะ/ครับ thǔeng...láeo chûai bàwk dûai ná khá/khráp
Could you stop at the next stop, please?	ช่วยจอดป้ายหน้าด้วยนะคะ/ครับ chûai càwt pâi nâa dûai ná khá/khráp
Where are we?	เราถึงไหนแล้ว rao thǔeng nǎi láeo
Do I have to get off here?	ฉันต้องลงที่นี่ใช่ไหม chán tâwng long thîi nîi châi mái
Have we already passed...?	เราผ่าน...แล้วหรือยัง rao phàan...láeo rúe yang
How long have I been asleep?	ฉันหลับไปนานเท่าไหร่ chán làp pai naan thâorài
How long does the train stop here?	รถไฟจอดที่นี่นานเท่าไหร่ rót fai càwt thîi nîi naan thâorài
Can I come back on the same ticket?	ฉันใช้ตั๋วเก่ากลับมาได้ไหม chán chái tǔa kào klàp maa dâi mái
Can I change on this ticket?	ฉันใช้ตั๋วนี้เปลี่ยนรถได้ไหม chán chái tǔa níi plìan rót dâi mái
How long is this ticket valid for?	ตั๋วนี้ใช้ได้นานเท่าไหร่ tǔa níi chái dâi naan thâorài
How much is the extra fare for the high speed train?	รถไฟด่วนต้องเสียค่าโดยสารเพิ่มอีกเท่าไหร่ rót fai dùan tâwng sǐa khâa doisǎan phôehm ìk thâorài

6.2 Questions to passengers

Ticket types

ตั๋วชั้นหนึ่งหรือชั้นสอง	First or second class?
ชั้นเที่ยวเดียวหรือไปกลับ	Single or return?
สูบบุหรี่หรือไม่สูบบุหรี่	Smoking or nonsmoking?
นั่งใกล้หน้าต่างไหม	Window seat?
ข้างหน้าหรือข้างหลัง	Front or back (of train)?
ที่นั่งหรือตู้นอน	Seat or berth?
ชั้นบน/กลางหรือล่าง	Top, middle or bottom?
ชั้นประหยัดหรือชั้นหนึ่ง	Economy or first class?
ตู้นอนหรือที่นั่ง	Cabin or seat?
เดี่ยวหรือคู่	Single or double?
เดินทางกี่คน	How many are traveling?

Destination

คุณจะเดินทางไปไหน	Where are you traveling?
คุณจะไปเมื่อไหร่	When are you leaving?
...ออกตอน...	Your...leaves at...
คุณต้องเปลี่ยน	You have to change
คุณต้องลงที่...	You have to get off at...
คุณต้องไปทาง	You have to go via...
ออกเดินทางวันที่...	The outward journey is on...
เดินทางกลับวันที่...	The return journey is on...
ท่านต้องขึ้นเครื่องก่อน...นาฬิกา	You have to be on board by...(o'clock)

Inside the vehicle

ขอดูตั๋วค่ะ/ครับ	Tickets, please
ขอดูตั๋วจองค่ะ/ครับ	Your reservation, please
ขอดูหนังสือเดินทางค่ะ/ครับ	Your passport, please
คุณนั่งผิดที่	You're in the wrong seat
คุณทำผิดแล้ว คุณอยู่ผิด...	You have made a mistake/You are in the wrong...
ที่นี้จองแล้ว	This seat is reserved
คุณต้องจ่ายเพิ่ม	You'll have to pay extra
...เสียเวลา...นาที	The...has been delayed by...minutes

6.3 Tickets

Where can I...?	ฉันจะ...ได้ที่ไหน
	chán cà...dâi thîi nǎi
– buy a ticket?	ว ซื้อตั๋ว
	súeh tǔa
– reserve a seat?	จองที่นั่ง
	cawng thîi nâng
– reserve a flight?	จองเที่ยวบิน
	cawng thîao bin
Could I have...for..., please?	ขอซื้อ...ไป...ค่ะ/ครับ
	kǎw súeh...pai...khá/khráp
– A single to...please	เที่ยวเดียวไป...หนึ่งค่ะ/ครับ
	thîao diao pai...nùeng bai khá/khráp
– A return ticket, please	ตั๋วไปกลับหนึ่งใบค่ะ/ครับ
	tǔa pai klàp nùeng bai khá/khráp
first class	ชั้นหนึ่ง
	chán nùeng
second class	ชั้นสอง
	chán sǎwng
economy class	ชั้นประหยัด
	chán prayàt

Public transportation

I'd like to reserve a _____ seat/berth/cabin	ฉันอยากจอง ที่นั่ง/ที่นอน/ตู้นอน
	chán yàak cawng *thîi nâng/thîi nawn/tûu nawn*
I'd like to reserve a _____ top/middle/bottom berth in the sleeping car	ฉันอยากจองที่นอน ชั้นบน/ชั้นกลาง/ชั้นล่าง ในรถนอน
	chán yàak cawng thîi nawn *chán bon/chán klaang/chán lâang* nai rót nawn
smoking/nonsmoking _____	สูบบุหรี่/ไม่สูบบุหรี่
	sùup burìi/mâi sùup burìi
by the window _____	ข้างหน้าต่าง
	khâang nâataang
single/double _____	เดี่ยว/คู่
	dìao/khûu
at the front/back _____	ข้างหน้า/ข้างหลัง
	khâng nâa/khâng lăng
There are...of us _____	เรามี...คน
	rao mii...khon
We have a car _____	เรามีรถคันหนึ่ง
	rao mii rót khan nùeng
We have a trailer _____	เรามีรถพ่วงคันหนึ่ง
	rao mii rót phûang khan nùeng
We have...bicycles _____	เรามีจักรยาน...คัน
	rao mii càkrayaan...khan
Do you have a...? _____	มี...ไหมคะ/ครับ
	mii...mái khá/khráp
– travel card for 10 trips? __	ตั๋วเดินทางสำหรับสิบเที่ยว
	tŭa doehn thaang sămràp sìp thîao
– weekly travel card? _____	ตั๋วเดินทางสำหรับหนึ่งสัปดาห์
	tŭa doehn thaang sămràp nùeng sàpdaa
– monthly season ticket? ___	ตั๋วเดือน
	tŭa duean
Where's...? _____	...อยู่ที่ไหน
	...yùu thîi năi
Where's the information ___ desk?	โต๊ะข้อมูลนักท่องเที่ยวอยู่ที่ไหน
	tó khâw muun nák thâwng thîao yùu thîi năi

6.4 Information

Where can I find a _____ schedule?	ดูตารางเวลาได้ที่ไหนคะ/ครับ
	duu taaraang wehlaa dâi thîi năi khá/khráp
Where's the...desk? _____	โต๊ะ...อยู่ที่ไหน
	tó...yùu thîi năi
Do you have a city map ___ with the bus/skytrain routes on it?	มีแผนที่ในเมืองที่บอกสาย รถเมล์/รถไฟลอยฟ้า ด้วยไหมคะ/ครับ
	mii phaehn thîi nai mueang thîi bàwk săi *rót meh/rót fai lawi fáa* dûai mái khá/khráp
Do you have a _____ schedule?	มีตารางเวลาไหมคะ/ครับ
	mii taaraang wehlaa mái khá/khráp
Will I get my money back? _	ฉันจะได้เงินคืนไหม
	chán ca dâi ngoen khuehn mái
I'd like to confirm/ _____ cancel/change my reservation for/trip to...	ฉันอยาก คอนเฟิร์ม/ยกเลิก/เปลี่ยนตั๋วสำรอง ไป/การเดินทางไป...
	chán yàak *khawnfoehm/yók lôehk/plìan tŭa sămrawng* pai/kaan doehn thaang pai...
I'd like to go to... _____	ฉันอยากไป...
	chán yàak pai...

What is the quickest way to get there?	ทางไหนจะไปถึงที่นั่นเร็วที่สุด thaang nǎi ca pai thǔeng thîi nân reo thîisùt
How much is a single/return to...?	ตั๋ว เที่ยวเดียว/ไปกลับ ไป...เท่าไหร่ tǔa thîao diao/pai klàp pai...thâorài
Do I have to pay extra?	ฉันต้องจ่ายเพิ่มไหม chán tâwng cài phôehm mái
Can I break my journey with this ticket?	ตั๋วนี้ใช้แวะกลางทางได้ไหม tǔa níi chái wáe klaang thaang dâi mái
How much luggage am I allowed?	ฉันเอากระเป๋าไปได้เท่าไหร่ chán ao krapǎo pai dâi thâorài
Is this a direct train?	รถไฟนี้ไปตรงหรือเปล่า rót fai níi pai trong rúe plào
Do I have to change?	ต้องไปเปลี่ยนอีกหรือเปล่า tâwng pai plìan ìik rúe plào
Where?	ที่ไหน thîi nǎi
Does the plane stop anywhere?	เครื่องนี้ลงที่ไหนอีกไหม khrûeang níi long thîi nǎi ìik mái
Will there be any stopovers?	มีพักค้างคืนที่ไหนไหม mii phák kháang khuehn thîi nǎi mái
Does the boat stop at any ports on the way?	เรือนี้จอดท่าอื่นตามทางอีกไหม ruea níi càwt thâa ùehn taam thaang ìik mái
Does the train/bus stop at...?	รถไฟ/รถเมล์ จอดที่...ไหม rót fai/rót meh càwt thîi...mái
Where do I get off?	ฉันต้องลงที่ไหน chán tâwng long thîi nǎi
Is there a connection to...?	มีอะไรต่อไป...ไหม mii arai tàw pai...mái
How long do I have to wait?	ฉันต้องรอนานเท่าไหร่ chán tâwng raw naan thâorài
When does...leave?	...ออกกี่โมง ...àwk kìi mohng
What time does the first/next/last...leave?	...เที่ยวแรก/ต่อไป/สุดท้าย ออกกี่โมงคะ/ครับ ...thîao râehk/tàw pai/sùt thái àwk kìi mohng khá/khráp
How long does...take?	...ใช้เวลาเท่าไหร่ chái wehlaa thâorài
What time does...arrive in...?	...มาถึง...กี่โมง ...maa thǔeng...kìi mohng
Where does the...to... leave from?	...ไป...ออกจากไหน ...pai...àwk càak nǎi
Is this the train/bus (from)... to...?	นี่ รถไฟ/รถเมล์ (จาก)...ไป...ใช่ไหม nîi rót fai/rót meh (càak)...pai...châi mái

6.5 Airplanes

● **On arrival** at a Thai airport (thâa aakàatsayaan), you will find the following signs:

เช็คอิน check-in	ภายในประเทศ domestic flights	ขาออก departures
ต่างประเทศ international	ขาเข้า arrivals	ศุลกากร customs

Public transportation

6.6 Trains

● **Most people** only use the train for longer distance travel and not for general suburban travel. State whether you want a one-way or return. The lines are built north to Chiang Mai via Phitsanulok; north-east to Nong Khai (and Laos); west to Kanchanaburi and Nam Tok; east to Aranyaprathet (and Cambodia); and south to Hat Yai (then on to Malaysia and Singapore if you like the Orient Express!) The sprinter service, e.g. to Chiang Mai, is quite comfortable, but other trains can be an experience to say the least—third class carriages are just 'open', and some passengers ride wherever there's a handhold. Many Thais prefer air-conditioned coach travel to go upcountry but, like train travel, watch your belongings!

6.7 Taxis

● **There are plenty** of taxis in Bangkok and the major towns. Prices are quite reasonable, e.g. from the airport to the city is about 300 baht on the meter or 5-600 baht in a limo, with a 50 baht airport charge added. Taxis queue at the airport and major train and bus stations, but otherwise hail one from the roadside. Use the meter for every trip, unless you bargain on a day's hire to see the sights (expect over 2000 baht, but less upcountry). There is a surcharge for taxis using expressways as there are entry tolls to the often above ground structures. The cab might have to leave one expressway to go up onto another, costing an additional toll—to save time, believe me! Tolls vary from 20 to 100 baht each time.

ให้เช่า	ไม่ว่าง	ป้ายจอดแท๊กซี่
for hire	occupied	taxi stand

Taxi! _____	แท๊กซี่
	tháeksîi
Could you get me a taxi, ___ please?	ช่วยเรียกแท๊กซี่ให้หน่อยได้ไหมคะ/ครับ
	chûai rîak thaéksîi hâi nàwi dâi mái khá/khráp
Where can I find a taxi_____ around here?	แถวนี้หาแท๊กซี่ได้ที่ไหนคะ/ครับ
	thăeo níi hăa thaéksîi dâi thîi năi khá/khráp
Could you take me to..., ___ please?	ช่วยไปส่งที่...นะคะ/ครับ
	chûai pai sòng thîi...ná khá/khráp
Could you take me to_____ this address, please	ไปตามที่อยู่นี้นะคะ/ครับ
	pai taam thîi yùu níi ná khá/khráp
– to the...hotel, please _____	ไปโรงแรม...นะคะ/ครับ
	pai rohng raehm...ná khá/khráp
– to the town/city center, ___ please	ไปใจกลางเมือง/กรุง นะคะ/ครับ
	pai cai klaang mueang/krung ná khá/khráp
– to the station, please_____	ไปสถานีนะคะ/ครับ
	pai sathăanii ná khá/khráp
– to the airport, please_____	ไปสนามบินนะคะ/ครับ
	pai sanăam bin ná khá/khráp
How much is the _____ trip to...?	ไป...เท่าไหร่
	pai...thâorài

How far is it to...?	ไป...ไกลเท่าไหร่
	pai...klai thâorài
Could you turn on the meter, please?	เปิดมิเตอร์ด้วยนะคะ/ครับ
	pòeht mítôeh dûai ná khá/khráp
I'm in a hurry	ฉันรีบ
	chán ȓiip
Could you speed up/slow down a little?	ขับ เร็ว/ช้าลง หน่อยได้ไหมคะ/ครับ
	khàp *reo/cháa long* nàwi dâi mái khá/khráp
Could you take a different route?	ไปทางอื่นได้ไหมคะ/ครับ
	pai thaang ùehn dâi mái khá/khráp
I'd like to get out here, please.	ขอลงที่นี่ค่ะ/ครับ
	khǎw long thîi ȓii khá/khráp
Go...	ไป...
	pai
You have to go left/right/straight on here	ต้อง เลี้ยวซ้าย/เลี้ยวขวา/ตรงไป ที่นี่
	tâwng *líao sái/líao khwǎa/trong* pai thîi ȓii
Go straight ahead	ตรงไป
	trong pai
Turn left	เลี้ยวซ้าย
	líao sái
Turn right	เลี้ยวขวา
	líao khwǎa
This is it/We're here	นี่แหละ/ถึงแล้ว
	ȓii làe/thǔeng láeo
Could you wait a minute for me, please?	รอสักครู่ได้ไหมคะ/ครับ
	raw sák khrûu dâi mái khá/khráp

Public transportation

Overnight accommodation

7.1 General 75

7.2 Camping 78
Camping equipment 76-77

7.3 Hotel/B&B/apartment/
holiday rental 79

7.4 Complaints 80

7.5 Departure 81

7 Overnight accommodation

7.1 General

● **There is a great variety** of overnight accommodation in Thailand. Prices vary from the inexpensive backpacker-style to the very expensive, but luxurious Oriental Hotel.

In Bangkok there are guest houses charging a few hundred baht a night to hotels that charge up to several thousand baht. If staying in a guesthouse, there's no necessity to make reservations, but the better places will require it. For hotels, there generally are vacancies, but if there's not one in your price range, an expensive upgrade may be called for. It's much better to make a hotel booking as part of a package, even if you may not use the associated tour(s), as turning up at a three- to four-star hotel counter to ask for a room can be expensive. One- or two-star hotels allow you to make arrangements more easily and, of course, more cheaply, but inexpensive rooms often mean less security.

Upcountry resorts and towns usually have both hotel-style and bungalow/guesthouse-style accommodation. Camping is not yet popular in the lowlands, but is becoming more accepted when mountain trekking. Try to seek permission from the landowner before you camp—your guide should help. The greatest problem a backpacker faces is being robbed of small but precious possessions. Speaking some Thai is a strong advantage, especially if you need to report a loss or an offense to the local police.

คุณจะพักนานเท่าไหร่	How long will you be staying?
ช่วยกรอกฟอร์มนี้นะคะ/ครับ	Fill out this form, please
ขอดูหนังสือเดินทางหน่อย	Could I see your passport?
คุณต้องวางมัดจำ	I'll need a deposit
คุณต้องจ่ายล่วงหน้า	You'll have to pay in advance

My name is...	ผม/ดิฉันชื่อ...
	phŏm/dichán chûeh...
I've made a reservation	ผม/ดิฉันจองไว้แล้ว
	phŏm/dichán cawng wái láeo
How much is it per night/week/ month?	คืน/อาทิตย์/เดือน ละเท่าไหร่
	khuehn/aathít/duean lá thâorài
We'll be staying at least...nights/weeks	เราจะพักอย่างน้อย...คืน/อาทิตย์
	rao ca phák yàang náwi...khuehn/aathít
We don't know yet	เรายังไม่ทราบ
	rao yang mâi sâap
Do you allow pets (cats/dogs)?	มีสัตว์เลี้ยง(แมว/สุนัข)ได้ไหมคะ/ครับ
	mii sàt líang (maeo/sunák) dâi mái khá/khráp
What time does the gate/door open/close?	ประตู/ประตูใหญ่ เปิด/ปิด กี่โมง
	pratuu/pratuu yài pòeht/pìt kìi mohng

75

Camping equipment
(the diagram on page 77 shows the numbered parts)

	luggage space	ที่เก็บกระเป๋า	thîi kèp krapǎo
	can opener	ที่เปิดกระป๋อง	thîi pòeht krapǎwng
	butane gas bottle	ก๊าซบูเทน ขวด	káat/káas buuthehn khùat
1	pannier, tool bag	กระเป๋าใส่ของ	krapǎo sài khǎwng
2	gas cooker	เตาแก๊ซ	tao káeht/káehs
3	groundsheet	ผ้าใบปูพื้น	phâa bai puu phúehn
	hammer	ม้อน	kháwn
	hammock	เปล	pleh
4	gas can	ถังแก๊ซ	thǎng káeht/káehs
	campfire	แคมป์ไฟ	kháehm fai
5	folding chair	เก้าอี้พับ	kâo-îi pháp
6	insulated picnic box	ตะกร้าปิคนิคบุนวม	takrâa píkník bunuam
	ice pack	ห่อน้ำแข็ง	hàw nám khǎeng
	compass	เข็มทิศ	khěm thít
	corkscrew	ที่เปิดจุก	thîi pòeht cùk
7	airbed	เตียงลม	tiang lom
8	airbed pump	ที่ปั๊มเตียงลม	thîi pám tiang lom
9	awning	ผ้าใบกันแดด	phâa bai kan dàeht
10	sleeping bag	ถุงนอน	thǔng nawn
11	saucepan	หม้อ	mâw
12	handle (pan)	หูหม้อ	hǔu mâw
	primus/gas stove	เตาแก๊ซใช้ถัง	tao káeht/káehs chái thǎng
	lighter	ที่จุดบุหรี่, ไฟแช็ค	thîi cùt burìi, fai cháek
13	backpack	กระเป๋าสะพาย	krapǎo saphai
14	guy rope	เชือกขึงเต็นท์	chûeak khǔeng tén
15	storm lantern	ตะเกียงเจ้าพายุ	takiang câo phaayú
	camp bed	เตียงแคมป์	tiang kháehm
	table	โต๊ะ	tó
16	tent	เต็นท์	tén
17	tent peg	หมุดเต็นท์	mùt tén
18	tent pole	เสาเต็นท์	sǎo tén
	thermos	กระติก	kratìk
19	water bottle	ขวดน้ำ	khùat náam
	clothes pin	ไม้หนีบ	mái nìip
	clothes line	ราวตากผ้า	rao tàak phâa
	windbreak	ที่กั้นลม	thîi kân lom
20	flashlight	ไฟฉาย	fai chǎi
	penknife	มีดพก	mîit phók

Overnight accommodation

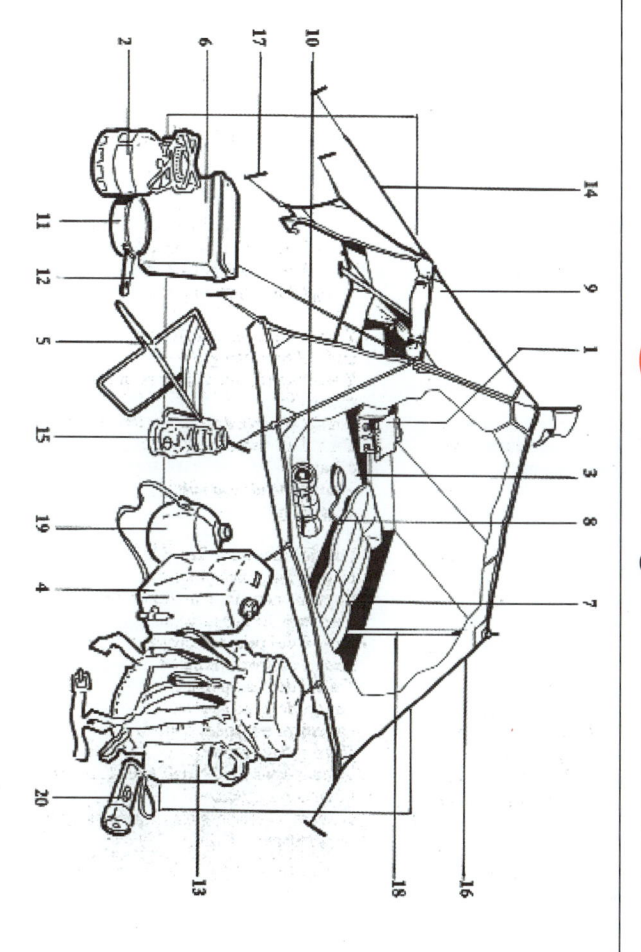

Could you get me _____ a taxi, please?	เรียกแท็กซี่ให้หน่อยได้ไหมคะ/ครับ ńak tháeksîi hâi nàwi dâi mái khá/khráp
Is there any mail _____ for me?	มีจดหมายถึงผม/ดิฉันไหมคะ/ครับ mii còt mái thǔeng phǒm/dichán mái khá/khráp

7 .2 Camping

See the diagram on page 77.

คุณเลือกที่ของคุณได้ _____	You can pick your own site
จะจัดที่ไว้ให้ _____	You'll be allocated a site
นี่หมายเลขที่ของคุณ _____	This is your site number
ติดให้แน่นที่รถของคุณนะคะ/ครับ _____	Please stick this firmly to your car
บัตรนี้ต้องไม่ทำหาย _____	You must not lose this card

Overnight accommodation

Where's the manager? _____	ผู้จัดการอยู่ที่ไหน phûu càt kaan yùu thîi nǎi
Are we allowed to _____ camp here?	เราตั้งแคมป์ที่นี่ได้ไหม rao tâng kháehm thîi nîi dâi mái
There are...of us and _____ we have...tents	เรามี...คนและมี...เต็นท์ rao mii...khon láe mii...tén
Can we pick our _____ own site?	เราเลือกที่ของเราได้ไหม rao lûeak thîi khǎwng rao dâi mái
Do you have a quiet _____ spot for us?	มีที่เงียบ ๆ ให้เราไหม mii thîi ngîap ngîap hâi rao mái
Do you have any other _____ sites available?	มีที่อื่นว่างอีกไหม mii thîi ùehn wâang lìk mái
It's too windy/sunny/ _____ shady here	ที่นี่ ลมแรง/แดดร้อน/ร่มมาก ไป thîi nîi *lom raehng/dàeht ráwn/rôm mâak* pai
It's too crowded here _____	ที่นี่แออัดเกินไป thîi nîi aeh àt koehn pai
The ground's too _____ hard/uneven	ดิน แข็ง/ขรุขระ ไป din *khǎeng/khrùkhrà* pai
Do you have a level spot _____ for the camper/trailer/ folding trailer?	มีที่จอดรถเรียบ ๆสำหรับ รถแคมป์/รถลาก/รถลากพับ ไหม mii thîi càwt rót rîap rîap sǎmràp *rót kháehm/rót lâak/rót lâak pháp* mái
Could we have adjoining _____ sites?	ขอเราอยู่ที่ติดกันได้ไหม khǎw rao yùu thîi tìt kan dâi mái
Can we park the car _____ next to the tent?	เราจอดรถข้างเต็นท์ได้ไหม rao càwt rót khâang tén dâi mái
How much is it per _____ person/tent/trailer/car?	คน/เต็นท์/รถลาก/รถ ละเท่าไหร่ *khon/tén/rót lâak/rót* la thâorài
Do you have chalets for _____ hire?	มีบ้านเล็ก ๆให้เช่าไหม mii bâan lék lék hâi châo mái
Are there any...? _____	มี...ไหม mii...mái
– hot/cold showers? _____	ที่อาบน้ำ ร้อน/เย็น thîi àap náam *ráwn/yen*
– washing machines? _____	เครื่องซักผ้า khrûeang sák phâa

Is there a...on the site?	มี...ที่นั่นไหม
	mii...thîi nân mái
Is there somewhere for children to play?	มีที่ให้เด็กเล่นไหม
	mii thîi hâi dèk lên mái
Are there covered cooking facilities on the site?	มีที่ทำอาหารในร่มที่นั่นไหม
	mii tham aahǎan nai rôm thîi nân mai
Can I hire a bicycle/ motorcycle/boat/ water ski?	ขอเช่า จักรยาน/มอเตอร์ไซค์/เรือ/ที่เล่นสกีน้ำ ได้ไหม
	khǎw châo *cakrayaan/mawtoehsai/ruea/ thîi lên sakii náam* dâi mái
Are we allowed to barbecue here?	เราทำบาบิคิวที่นี่ได้ไหม
	rao tham baabìkhiu thîi nîi dâi mái
Are there any power outlets?	มีปลั๊กไฟไหม
	mii plák fai mái
Is there drinking water?	มีน้ำดื่มไหม
	mii náam dùehm mái
When's the garbage collected?	เก็บขยะเมื่อไหร่
	kèp khayà mûearài
Do you sell gas bottles (butane gas/propane gas)?	คุณขายถังแก๊ซ (แก๊ซบูเทน/แก๊ซโพรเพน) หรือเปล่า
	khun khǎi thǎng káeht/káehs (*káeht buuthehn/káeht phrohphehn*) rúe plào

7.3 Hotel/B&B/apartment/holiday rental

Do you have a single/double room available?	มี ห้องเดี่ยว/คู่ ว่าง หรือเปล่า
	mii hâwng *dìao/khûu* wâang rúe plào
per person/per room	ต่อคน/ต่อห้อง
	tàw khon/tàw hâwng
Does that include breakfast/lunch/dinner?	รวม อาหารเช้า/อาหารกลางวัน/อาหารเย็น หรือเปล่า
	ruam *aahǎan cháo/aahǎan klaang wan/aahǎan yen* rúe plào
Could we have two adjoining rooms?	เราขอห้องติดกันได้ไหม
	rao khǎw hâwng tìt kan dâi mái
with/without toilet/bath/shower	มี/ไม่มี ส้วม/ห้องน้ำ/ที่อาบน้ำ
	mii/mâi mii *sûam/hâwng náam/thîi àap náam*
facing the street	ติดถนน
	tìt thanǒn
at the back	อยู่ข้างหลัง
	yùu khâng lǎng
with/without sea view	มี/ไม่มี วิวทะเล
	mii/mâi mii wiu thaleh
Is there...in the hotel?	มี...ในโรงแรมหรือเปล่า
	mii...nai rohngraehm rúe plào
Is there an elevator in the hotel?	มีบันไดเลื่อนในโรงแรมหรือเปล่า
	mii bandai lûean nai rohngraehm rúe plào

มีส้วมกับที่อาบน้ำอยู่ชั้นเดียวกัน/ในห้อง	The toilet and shower are on the same floor/in the room
ทางนี้ค่ะ/ครับ	This way, please
ห้องคุณอยู่ชั้น...เบอร์...	Your room is on the...floor, number...

Overnight accommodation

79

Do you have room service?	มีรูมเซอร์วิซหรือเปล่า mii ruum soehwít rúe plào
Could I see the room?	ขอดูห้องหน่อยได้ไหม kháw duu hâwng nàwi dâi mái
I'll take this room	ผม/ดิฉันจะเอาห้องนี้ phǒm/dichán ca ao hâwng níi
We don't like this one	เราไม่ชอบห้องนี้ rao mâi châwp hâwng níi
Do you have a larger/less expensive room?	คุณมีห้อง ใหญ่กว่า/ถูกกว่า ไหม khun mii hâwng yài kwàa/thùuk kwàa mái
Could you put in a cot?	ขอเตียงเด็กหน่อยได้ไหม kháw tiang dèk nàwi dâi mái
What time's breakfast?	อาหารเช้ากี่โมงคะ/ครับ aahǎan cháo kìi mohng khá/khráp
Where's the dining room?	ห้องอาหารอยู่ที่ไหน hâwng aahǎan yùu thîi nǎi
Can I have breakfast in my room?	ทานอาหารเช้าที่ห้องได้ไหม thaan aahǎan cháo thîi hâwng dâi mái
Where's the emergency exit/fire escape?	ทางออกฉุกเฉิน/ทางหนีไฟ อยู่ที่ไหน thaang àwk chùk chǒehn/thaang nǐi fai yùu thîi nǎi
Where can I park my car (safely)?	จอดรถที่ไหน (ปลอดภัย) ได้ càwt rót thîi nǎi (plàwt phai) dâi
The key to room..., please	ขอกุญแจห้อง...ค่ะ/ครับ kháw kuncae hâwng...khá/khráp
Could you put this in the safe, please?	ช่วยเอาใส่ในเซฟได้ไหมคะ/ครับ chûai ao sài nai séhf dâi mái khá/khráp
Could you wake me at...tomorrow?	ช่วยปลุกตอน...พรุ่งนี้ได้ไหมคะ/ครับ chûai plùk tawn...phrûng níi dâi mái khá/khráp
Could you find a babysitter for me?	ช่วยหาคนเลี้ยงเด็กให้หน่อยได้ไหมคะ/ครับ chûai hǎa khon líang dèk hâi nàwi dâi mái khá/khráp
Could I have an extra blanket?	ขอผ้าห่มเพิ่มได้ไหมคะ/ครับ kháw phâa hòm phôehm dâi mái khá/khráp
What days do the cleaners come in?	คนทำความสะอาดมาวันไหน khon tham khwaam sà-àat maa wan nǎi
When are the sheets/towels/dish towels changed?	เปลี่ยน ผ้าปู/ผ้าเช็ดตัว/ผ้าเช็ดจาน เมื่อไหร่ plìan phâa puu/phâa chét tua/phâa chét caan mûearài

7.4 Complaints

While westerners (faràng) might complain over both large and small matters, Thais would rather say little or nothing at all. The point is partly one of face, but it is also Thai custom to praise the good and ignore the bad. Complain if you must, but try to be more accommodating than you might otherwise be at home. Such will not only help your relationship with Thais now, but will also assist those wishing to follow after you. The Thais will respect you as a farang, and you will enjoy your stay even more.

We can't sleep for the noise	เรานอนไม่หลับเพราะเสียงดัง rao nawn mâi làp phráw sǐang dang
Could you turn the radio down, please?	ช่วยหรี่วิทยุหน่อยได้ไหมคะ/ครับ chûai rìi wítthayú nàwi dâi mái khá/khráp

We're out of toilet paper ____	กระดาษชำระหมด
	kradàat chamrá mòt
There aren't any.../ _____ there's not enough...	ไม่มี .../มี...ไม่พอ
	mâi mii... /mii...mâi phaw
The bed linen's dirty _____	ผ้าปูเตียงสกปรก
	phâa puu tiang sòkkapròk
The room hasn't been cleaned.	ห้องยังไม่ได้ทำความสะอาด
	hâwng yang mâi dâi tham khwaam sà-àat
The kitchen is not clean ____	ครัวไม่สะอาด
	khrua mâi sà-àat
The kitchen utensils are ____ dirty	เครื่องครัวสกปรก
	khrûeang khrua sòkkapròk
The heater's not _____ working	เครื่องทำความร้อนไม่ทำงาน
	khrûeang tham khwaam ráwn mâi tham ngaan
There's no (hot) _____ water/electricity	ไม่มี น้ำ(ร้อน)/ไฟฟ้า
	mâi mii náam (ráwn)/fai fáa
...doesn't work/is broken ___	ไม่ทำงาน/เสีย
	mâi tham ngaan/sĭa
Could you have that _____ seen to?	ช่วยให้ใครดูได้ไหม
	chûai hâi khrai duu dâi mái
Could I have another _____ room/site?	ขออีก ห้อง/แห่ง ได้ไหม
	khăw ìik hâwng/hàehng dâi mái
The bed creaks terribly ____	เตียงมีเสียงแย่มาก
	tiang mii sĭang yâeh mâak
The bed sags _____	ที่นอนยุบ
	thîi nawn yúp
Could I have a _____ board under the mattress?	ขอไม้กระดานวางใต้ที่นอนได้ไหม
	khăw mái kradaan waang tâi thîi nawn dâi mái
It's too noisy _____	เสียงดังมากไป
	sĭang dang mâak pai
There are a lot of _____ insects/bugs	มีแมลงเยอะแยะ
	mii malaehng yóe yáe
There are a lot of _____ cockroaches here	มีแมลงสาบเยอะแยะที่นี่
	mii malaehng sàap yóe yáe thîi nîi
This place is full _____ of mosquitoes	ที่นี่ยุงชุมมาก
	thîi nîi yung chum mâak

7.5 Departure

See also 8.2 Settling the bill

I'm leaving tomorrow _____	ผม/ดิฉัน จะออกพรุ่งนี้
	phŏm/dichán ca àwk phrûng níi
Could I pay my bill, _____ please?	ขอจ่ายเงินหน่อยค่ะ/ครับ
	khăw cài ngoen nàwi khá/khráp
What time should we _____ check out?	ควรเช็คออกตอนกี่โมง
	khuan chék àwk tawn kìi mohng
Could I have my deposit/ __ passport back, please?	ขอ เงินมัดจำ/หนังสือเดินทาง คืนได้ไหมคะ/ครับ
	khăw ngoen mát cam/nangsŭeh doehn thaang khuehn dâi mái khá/khráp
We're in a big hurry _____	เรากำลังรีบมาก
	rao kamlang rîip mâak
Could you forward _____ my mail to this address?	คุณช่วยส่งจดหมายไปที่อยู่นี้ได้ไหมคะ/ครับ
	khun chûai sòng còtmăi pai thîi thîi yùu níi dâi mái khá/khráp

7 Overnight accommodation

81

Could we leave our _____ luggage here until we leave?	เราฝากกระเป๋าไว้ที่นี่จนกว่าเราจะไปได้ไหมคะ/ครับ rao fàak krapǎo wái thîi nîi con kwàa rao ca pai dâi mái khá/kráp
Thanks for your _____ hospitality	ขอบคุณในความใจดีของคุณค่ะ/ครับ khàwp khun nai khwaam cai dii khǎwng khun khá/kráp

7 Overnight accommodation

Money matters

8.1 Banks 84

8.2 Settling the bill 85

8 Money matters

● **In general**, banks are open to the public Monday to Friday from 8:30 am to 3:30 pm, but it is possible to find an exchange office (thîi lâek ngoen) open in the towns and tourist centers after these hours. Rates vary among both banks and money changers. Make sure you ask about commission before handing over any money. Proof of identity such as a passport is usually required to exchange currency. Credit cards are widely accepted in Thailand; however, smaller stores will sometimes add three to five per cent of the bill to cover transaction costs. When purchasing by credit/debit card, try to keep the card in your view at all times, especially when carbon copies are being used. If there are carbon imprints, ask the seller for them so you can destroy the copies yourself.

8.1 Banks

Where can I find a bank/an exchange office around here?	แถวนี้มี ธนาคาร/ที่แลกเงิน ที่ไหนคะ/ครับ thăeo níi mii thanaakhaan/thîi lâehk ngoen thîi năi khá/khráp
Where can I cash this traveler's check/giro check?	ผม/ดิฉันแลก เช็คเดินทาง/ไจโรเช็ค ได้ที่ไหน phŏm/dichán lâehk chék doehn thaang/cairoh chék dâi thîi năi
Can I cash this...here?	ผม/ดิฉันแลกเงิน...ที่นี่ได้ไหม phŏm/dichán lâehk ngoen...thîi nîi dâi mái
Can I withdraw money on my credit card here?	ผม/ดิฉันถอนเงินจากบัตรเครดิตที่นี่ได้ไหม phŏm/dichán thăwn ngoen càak bàt khrehdìt thîi nîi dâi mái
What's the minimum/ maximum amount?	น้อยที่สุด/มากที่สุด เท่าไหร่ náwi thîi sùt/mâak thîi sùt thâorài
Can I take out less than that?	ผม/ดิฉันเอาออกน้อยกว่านั้นได้ไหม phŏm/dichán ao àwk náwi kwàa nán dâi mái
I had some money cabled here	ผม/ดิฉันส่งเงินมาที่นี่ทางเคเบิล phŏm/dichán sòng ngoen maa thîi nîi thaang khehbôen
Has it arrived yet?	มาถึงหรือยัง maa thŭeng rúe yang
These are the details of my bank in the U.S.	นี่เป็นรายละเอียดของธนาคารผม/ดิฉันในอเมริกา nîi pen rai lá-ìat khăwng thanaakhaan phŏm/dichán nai amehríkaa
This is the number of my bank/giro account	นี่เลขที่ บัญชีธนาคาร/บัญชีไจโร nîi lêhk thîi banchii thanaakhaan/banchii cairoh
I'd like to change some money	อยากแลกเงินหน่อย yàak lâehk ngoen nàwi
– pounds into...	เงินปอนด์เป็น... ngoen pawn pen...
– dollars into...	เงินเหรียญเป็น... ngoen rĭan pen...
What's the exchange rate?	อัตราแลกเปลี่ยนเท่าไหร่ àtraa lâehk plìan thâorài
Could you give me some small change with it?	ขอแบ๊งเล็ก ๆ ด้วยนะคะ/ครับ khăw báeng lék lék dûai ná khá/khráp
This is not right	นี่ไม่ถูก nîi mâi thùuk

เซ็นที่นี่ _____	Sign here, please
กรอกที่นี่หน่อย _____	Fill this out, please
ขอดูหนังสือเดินทางหน่อย _____	Could I see your passport, please?
ขอดูบัตรประจำตัวหน่อย _____	Could I see your identity card, please?
ขอดูเช็คการ์ดหน่อย _____	Could I see your check card, please?
ขอดูแบงก์การ์ดหน่อย _____	Could I see your bank card, please?

8.2 Settling the bill

Could you put it on my bill? — ใส่ในบิลผม/ดิฉันได้ไหม
sài nai bin phǒm/dichán dâi mái

Is the tip(s) included? — รวมทิปหรือยัง
ruam thíp rúe yang

Can I pay by...? — จ่ายด้วย...ได้ไหม
cài dûai...dâi mái

Can I pay by credit card? — จ่ายด้วยบัตรเครดิตได้ไหม
cài dûai bàt khrehdìt dâi mái

Can I pay by traveler's check? — จ่ายด้วยตั๋วเดินทางได้ไหม
cài dûai tǔa doehn thaang dâi mái

Can I pay with foreign currency? — จ่ายเงินต่างประเทศได้ไหม
cài ngoen tàang prathêht dâi mái

You've given me too much/you haven't given me enough change — คุณให้มากไป/คุณทอนให้ไม่ครบ
khun hâi mâak pai/khun thawn hâi mâi khróp

Could you check this again, please? — เช็คอีกทีได้ไหม
chék ìik thii dâi mái

Could I have a receipt, please? — ขอใบเสร็จด้วยนะ
khǎw bai sèt dûai ná

Please give me the carbon — ขอใบคาร์บอนด้วยนะ
khǎw bai khaabâwn dûai ná

I don't have enough money on me — ผม/ดิฉันไม่มีเงินติดตัวพอ
phǒm/dichán mâi mii ngoen tìt tua phaw

This is for you — ให้คุณ
hâi khun

Keep the change — ไม่ต้องทอน
mâi tâwng thawn

เราไม่รับบัตรเครดิต/ตั๋วเดินทาง/เงินต่างประเทศ _____	We don't accept credit cards/traveler's checks/foreign currency

Mail and telephone

9.1 Mail 87

9.2 Telephone 88

9 Mail and telephone

9.1 Mail

For giros, see 8 Money matters

● **Bangkok's Central Post Office** (praisanii klaang) is open Monday to Friday from 8 am to 6 pm and on weekends, and public holidays from 9 am to 1 pm. Other major post offices and upcountry branches hold similar hours, but close at 4:30 pm. Besides post offices, stamps (sataehm) can be purchased at smaller post office agencies and often at hotel receptions and shops selling postcards. Some stamps are particularly pretty and make good but cheap souvenirs. The cost of sending a letter depends on its size and weight; the cost of sending an air mail letter also depends on the zone it is being sent to. The Thai postal service is quite efficient, deliveries in the city are usually twice a day, and at least once a day upcountry, including Sundays. You will find the parcel service (air, SAL [sea-air-land] or surface) to be an effective way of sending items home when your baggage is overweight. The usual customs declaration applies.

แสตมป์ stamps พัสดุ parcels	โทรสาร/แฟกซ์ facsimile/fax ตู้รับไปรษณีย์ post office box	ตั๋วเงิน money orders ต่างประเทศ international

Where is...?	...อยู่ที่ไหน...
	yùu thîi nǎi
– the nearest post office?	ไปรษณีย์ที่ใกล้ที่สุด
	praisanii thîi klâi thîisùt
– the main post office	ไปรษณีย์กลาง
	praisanii klaang
– the nearest mail box?	ตู้ไปรษณีย์ที่ใกล้ที่สุด
	tûu praisanii thîi klâi thîisùt
Which counter should I go to...?	ควรไปเคาน์เตอร์ไหน
	khuan pai khaotôeh nǎi
Which counter should I go to to send a fax?	ส่งแฟกซ์ควรไปเคาน์เตอร์ไหน
	sòng fáek(s) khuan pai khaotôeh nǎi
Which counter should I go to to change money?	แลกเงินควรไปเคาน์เตอร์ไหน
	lâehk ngoen khuan pai khaotôeh nǎi
Which counter should I go to to change giro checks?	แลกไจโรเช็คควรไปเคาน์เตอร์ไหน
	lâehk cairoh khuan pai khaotôeh nǎi
Which counter should I go to to wire a money order?	ซื้อตั๋วแลกเงินควรไปเคาน์เตอร์ไหน
	súeh tǔa lâehk ngoen khuan pai khaotôeh nǎi
Which counter should I go to for general delivery?	ส่งของทั่วไปควรไปเคาน์เตอร์ไหน
	sòng khǎwng thûa pai khuan pai khaotôeh nǎi
Is there any mail for me?	มีจดหมายถึงผม/ดิฉันไหม
	mii còtmǎi thǔeng phǒm/dichán mái
My name's...	ผม/ดิฉันชื่อ...
	phǒm/dichán chûeh...

Mail and telephone

Stamps

What's the postage _____ for a...to...?	ส่ง...ไป...ค่าส่งเท่าไร sòng...pai...khâa sòng thâorài
Are there enough _____ stamps on it?	ติดแสตมป์พอไหม tìt sataehm phaw mái
I'd like [quantity] [value] ___ stamps	ผม/ดิฉันอยากซื้อแสตมป์...ดวง phŏm/dichán yàak súeh sataehm...duang
I'd like to send this... _____	ผม/ดิฉันอยากส่ง... phŏm/dichán yàak sòng...
– express _____	ด่วน dùan
– by air mail _____	เมล์อากาศ meh(l) aakàat
– by registered mail _____	ลงทะเบียน long thabian
Please give me a customs _ declaration sticker	ขอใบแจ้งสำหรับศุลกากรหน่อย khăw bai caehng sămràp sŭnlakaakawn nàwi

Telegram/fax

I'd like to send a _____ telegram/fax to...	ผม/ดิฉันอยากส่ง โทรเลข/แฟกซ์ ไป... phŏm/dichán yàak sòng *thohralêhk/fáek(s)* pai...
How much is that _____ per word?	คำละเท่าไร kham lá thâorài
This is the text I want _____ to send	นี่ข้อความที่ผม/ดิฉันต้องการส่ง nîi khâw khwaam thîi phŏm/dichán tâwngkaan sòng
Shall I fill out the form _____ myself?	ผม/ดิฉันต้องกรอกข้อความเองหรือเปล่า phŏm/dichán tâwng kràwk khâw khwaam ehng rúe plào
Can I make photocopies/___ send a fax here?	ผม/ดิฉัน อัดสำเนา/ส่งแฟกซ์ ที่นี่ได้ไหม phŏm/dichán àt sămnao/sòng *fáek(s)* thîi nîi dâi mái
How much is it _____ per page?	หน้าละเท่าไร nâa lá thâorài

9.2 Telephone

See also 1.8 Telephone alphabet

● **Direct international calls** can be made from blue public telephones showing the international phone symbol. The booths require use of a phone card available from many stores and smaller shops, as well as newspaper stands, and vending machines in Thai Telecom offices. Phone cards have various values ranging from 20 to 100 baht. Dial 001 to get out of Thailand, then the relevant country code (USA: 1; UK: 44; Australia: 61), city code and number. If you call using a THAICARD, dial 1544 for international access. To make a collect call from a public telephone, dial 100 to access the operator. Many operators speak English, but speak slowly, clearly and politely for the best service. A 24-hour call center is available on 02 614 1000. When phoning someone in Thailand, you will hear single long tones, but if engaged shorter, quicker tones. Thailand also supports the 900 MHz Digital GSM and 1800 MHz Digital PCN mobile phone networks for international roaming.

Is there a phone booth around here?	แถวนี้มีตู้โทรศัพท์ไหม thăeo níi mii tûu thohrasàp mái
May I use your phone, please?	ขอใช้โทรศัพท์หน่อยได้ไหมคะ/ครับ khăw chái thohrasàp nàwi dâi mái khá/khráp
Do you have a (city/region)...phone directory?	มีสมุดโทรศัพท์(ในเมือง/ในเขต)ไหม mii samùt thohrasàp (nai mueang/ nai khèht) mái
Where can I get a phone card?	ผม/ดิฉันซื้อบัตรโทรศัพท์ได้ที่ไหน phŏm/dichán sύeh bàt thohrasàp dâi thîi năi
Could you give me...	ผม/ดิฉันขอ... phŏm/dichán khăw...
– the number for international directory assistance?	หมายเลขสอบถามหมายเลขนานาชาติ măi lêhk sàwp thăam măi lêhk naanaa châat
– the number of room...?	หมายเลขโทรศัพท์ห้อง... măi lêhk thohrasàp hâwng...
– the international access code?	รหัสเข้านานาชาติ rahàt khăo naanaa châat
– the country code for...?	รหัสประเทศ... rahàt prathêht...
– the area code for...?	รหัสเขตของ... rahàt khèht khăwng...
– the number of [subscriber]...?	หมายเลขของ[ผู้ใช้สาย]... măi lêhk khăwng [phûu chái săi]...
Could you check if this number's correct?	ช่วยเช็คหน่อยได้ไหมว่าหมายเลขนี้ถูกหรือเปล่า chûai chék nàwi dâi mái wâa măi lêhk níi thùuk rúe plào
Can I dial international direct?	ผม/ดิฉันหมุนตรงออกนอกประเทศได้ไหม phŏm/dichán mŭn trong àwk nâwk prathêht dâi mái
Do I have to go through the switchboard?	ผม/ดิฉันต้องโทร.ผ่านกลางหรือเปล่า phŏm/dichán tâwng thoh phàan klaang rúe plào
Do I have to dial '0' first?	ผม/ดิฉันต้องหมุนศูนย์ก่อนหรือเปล่า phŏm/dichán tâwng mŭn sŭun kàwn rúe plào
Do I have to reserve my calls?	ผม/ดิฉันต้องจองหรือเปล่า phŏm/dichán tâwng cawng rúe plào
Could you dial this number for me, please?	ช่วยหมุนเบอร์นี้ให้หน่อยได้ไหมคะ/ครับ chûai mŭn boeh níi hâi nàwi dâi mái khá/khráp
Could you put me through to.../extension..., please?	ช่วยต่อเบอร์.../ต่อ...ให้หน่อยได้ไหมคะ/ครับ chûai tàw boeh.../tàw...hâi nàwi dâi mái khá/khráp
I'd like to place a collect call to...	ผม/ดิฉันอยากโทร.เก็บเงินปลายทางถึง... phŏm/dichán yàak thoh kèp ngoen plai thaang thŭeng...
What's the charge per minute?	คิดนาทีละเท่าไร khít naathii lá thâorài
Have there been any calls for me?	มีโทรศัพท์ถึงผม/ดิฉันไหม mii thohrasàp thŭeng phŏm/dichán mái

Mail and telephone

The conversation

Hello, this is... _____	สวัสดีค่ะ/ครับ นี่...
	sawàt dii khá/khráp, nîi...
Who is this, please? _____	นั่นใครคะ/ครับ
	nân khrai khá/khráp
Is this...? _____	นั่น...ใช่ไหม
	nân ... châi mái
I'm sorry, I've dialed _____ the wrong number	ขอโทษค่ะ/ครับ โทร.ผิด
	khǎw thôht khá/khráp, phǒm/dichán thoh phìt
I can't hear you _____	ผม/ดิฉันไม่ได้ยินค่ะ/ครับ
	phǒm/dichán mâi dâi-yin khá/khráp
I'd like to speak to... _____	ขอพูดกับ...หน่อยค่ะ/ครับ
	khǎw phûut kàp...nàwi khá/khráp
Is there anybody _____ who speaks English?	มีใครพูดภาษาอังกฤษบ้างไหม
	mii khrai phûut phaasǎa angkrìt bâang mái
Extension..., please _____	ต่อ...ค่ะ/ครับ
	tàw...khá/khráp

มีโทรศัพท์ถึงคุณ _____	There's a phone call for you
คุณต้องหมุนศูนย์ก่อน _____	You have to dial '0' first
สักครู่ค่ะ/ครับ _____	One moment, please
ไม่มีคนรับ _____	There's no answer
สายไม่ว่าง _____	The line's busy
จะถือสายรอไหม _____	Do you want to hold?
ต่อให้แล้ว _____	Connecting you
คุณโทร.ผิด _____	You've got a wrong number
ตอนนี้เขาไม่อยู่ _____	He's/she's not here right now
เขาจะกลับตอน ... _____	He'll/she'll be back...
นี่เป็นเครื่องรับฝากข้อความของ ... _____	This is the answering machine of...

Could you ask him/her _____ to call me back?	ช่วยบอกเขาให้โทร.กลับได้ไหมคะ/ครับ
	chûai bàwk kháo hâi thoh klàp dâi mái khá/khráp
My name's... _____	ผม/ดิฉันชื่อ
	phǒm/dichán chûeh...
My number's... _____	เบอร์ผม/ดิฉัน...
	boeh phǒm/dichán...
Could you tell him/her _____ I called?	ช่วยบอกเขาว่าผม/ดิฉันโทร.มา
	chûai bàwk kháo wâa phǒm/dichán thoh maa
I'll call him/her back _____ tomorrow	ผม/ดิฉันจะโทร.มาใหม่พรุ่งนี้
	phǒm/dichán ca thoh maa mài phrûng níi

Shopping

10.1 Shopping conversations 93
10.2 Food 94
10.3 Clothing and shoes 95
10.4 Photographs and video 96
10.5 At the hairdresser 98

10. Shopping

● **Larger shops** are generally open every day from 10 am to 10 pm. The smaller shops may open and close earlier, but there are no specific opening and closing times for them; their times of business will depend on the goods and services they sell. For example, a noodle shop or café will open at 6 or 7 am to serve breakfast, and may close after dinner in the evening. A hairdresser's will open at 10 am in a shopping center, but possibly 9 am or earlier on the street. Closing time may depend on the last client going home.

As well as the established shops, you'll find street stalls, markets, night bazaars and those selling wares from a small blanket laid out on the ground. There's nothing to say that quality will be better or worse from any of these shops. Like the Chinese in Bangkok, Thais aim to trade for turnover—although they may not be as fervent at it. And when you shop in other than the larger fixed-price stores, always be prepared to bargain.

ร้านขายของชำ
grocery shop

ร้านตัดผม
barber's shop

เสื้อผ้าเครื่องประดับ
costume jewellery

ร้านขายรองเท้า
shoe/footwear shop

ร้านตัดรองเท้า
cobbler

ร้านเครื่องเขียน
stationery shop

ร้านขายเครื่องใช้ในบ้าน
household goods store

ร้านรับพิมพ์ดีด
typing agency

ที่ขายหนังสือพิมพ์
newsstand

ร้านขายไวน์
wine/bottle shop

ร้านขายสมุนไพร
herbalist's shop

ร้านขายยา
pharmacy, chemist

ร้านขายดอกไม้
florist

ร้านขายขนมเค้ก
bakery

ร้านขายผัก
greengrocer

ร้านขายไอศครีม
ice cream shop

ร้านขายอัญมณี
jeweler

ร้านซักผ้า/ซักแห้งหยอดเหรียญ
coin-operated laundry/dry cleaner

ร้านหนังสือ
book shop

ร้านขายเนื้อ
butcher's shop

ร้านซ่อมมอเตอร์ไซค์และจักรยาน
motorbike and bicycle repairs

ตลาด
market

ร้านขายผ้า
haberdashery

ร้านขายของใช้แล้ว
second-hand shop

ร้านขายเสื้อผ้า
clothing shop

ร้านขายเครื่องอุปกรณ์แคมป์
camping supplies shop

ร้านขายกล้องถ่ายรูป
camera shop

ร้านขายเครื่องกีฬา
sporting goods shop

ร้านขายเครื่องนอน
household linen shop

ร้านขายเครื่องเสียง(ซีดี เทปเป็นต้น)
music shop (CDs, tapes, etc)

ร้านผลไม้และผัก
fruit and vegetable shop

ร้านขายของเล่น
toy shop

ร้านขายเครื่องดนตรี
musical instrument shop

ร้านทำด้วยตนเอง
do-it-yourself shop

ร้านขายทอง
goldsmith

ร้านนาฬิกา
watches and clocks

ร้านขายแว่นตา
optician

ร้านขายขนมปัง
baker's shop

ร้านเสริมสวย
hairdresser

ร้านขายขนมหวาน/เค้ก
confectioner's/cake shop

ร้านขายเครื่องหนัง
leather goods shop

ร้านขายขนสัตว์
furrier

ร้านขายปลา
fishmonger

ร้านขายไก่
poultry shop

ร้านขายน้ำหอม
perfumery

ร้านขายเนยแข็ง
delicatessen

ห้างสรรพสินค้า	ร้านขายเครื่องไฟฟ้า	ซูเปอร์มาเก็ต
department store	household appliances (white goods)	supermarket
ร้านเสริมสวย		ร้านขายบุหรี่
beauty salon		tobacconist
ร้านขายเครื่องดื่ม	ร้านก๋วยเตี๋ยว	ร้านขายต้นไม้
shop selling refreshments	noodle shop	nursery (plants)
ร้านรับซักผ้า/ซักแห้ง	ร้านหนังสือการ์ตูน	ร้านขายของขวัญ
dry cleaners and laundry	comic/anime shop	gift shop
	ร้านขายซอฟแวร์ คอมพิวเตอร์	ร้านขายของที่ระลึก
ร้านคอมพิวเตอร์		souvenir shop
computer (hardware) shop	computer (software) shop	คลีนิคแพทย์
		clinic (in shopping centre)
สถานอาบอบนวด	ร้านเฟอร์นิเจอร์	
massage parlor	furniture shop	

10.1 Shopping conversations

Where can I get...?	ผม/ดิฉันซื้อ...ได้ที่ไหน
	phǒm/dichán súeh...dâi thîi nǎi
When does this shop open?	ร้านนี้เปิดกี่โมง
	ráan níi pòeht kìi mohng
Could you tell me where the...department is?	ทราบไหมครับ/คะว่าแผนก...อยู่ที่ไหน
	sâap mái khráp/khá wâa phanàehk... yùu thîi nái
Could you help me, please?	ช่วยหน่อยได้ไหมครับ/คะ
	chuâi nàwi dâi mái khráp/khá
I'm looking for...	ผม/ดิฉันกำลังหา...
	phǒm/dichán kamlang hǎa...
Do you sell English/ American newspapers?	คุณมีหนังสือพิมพ์อังกฤษ/อเมริกันขายหรือเปล่า
	khun mii nangsǔeh phim angkrìt/amehrikan khǎi rúe plào

มีใครเสริฟคุณหรือยัง — **Are you being served?**

No, I'd like...	ไม่มีครับ/ค่ะ ผม/ดิฉันอยากได้...
	mâi mii khráp/khá, phǒm/dichán yàak dâi...
I'm just looking, if that's all right	ผม/ดิฉันดูเฉย ๆนะครับ/คะ
	phǒm/dichán duu chǒei chǒei ná khráp/khá

(ต้องการ) อะไรอีกไหมครับ/คะ — **(Would you like) anything else?**

Shopping

Yes, I'd also like...	ต้องการ...ด้วย tâwngkaan...dûai
No, thank you. That's all	ไม่ครับ/ค่ะ ขอบคุณ เท่านั้นละ mâi khráp/khá, khàwp khun; thâo nán la
Could you show me...?	ขอดู...หน่อยครับ/ค่ะ khǎw duu...nàwi khráp/khá
I'd prefer...	ผม/ดิฉันชอบ...มากกว่า phǒm/dichán châwp...mâak kwàa
This is not what I'm looking for	นี่ไม่ใช่ที่ผม/ดิฉันต้องการ nîi mâi châi thîi phǒm/dichán tâwngkaan
Thank you, I'll keep looking	ขอบคุณครับ/ค่ะ ผม/ดิฉันจะหาต่อไป khàwp khun khráp/khá, phǒm/dichán ca hǎa tàw pai
Do you have something...?	คุณมีอะไรที่...ไหม khun mii arai thîi...mái
– less expensive?	ถูกกว่านี้ thùuk kwàa níi
– something smaller?	เล็กกว่านี้ lék kwàa níi
– something larger?	ใหญ่กว่านี้ yài kwàa níi
I'll take this one	ผม/ดิฉันจะเอาอันนี้ phǒm/dichán ca ao an níi
Does it come with instructions?	มีวิธีใช้อยู่ด้วยหรือเปล่า mii wíthii chái yùu dûai rúe plào
It's too expensive	แพงไป phaehng pai
I'll give you...	ผม/ดิฉันให้... phǒm/dichán hâi...
Could you keep this for me?	เก็บนี้ไว้ให้ผม/ดิฉันได้ไหม kèp níi wái hai phǒm/dichán dâi mái
I'll come back for it later	ผม/ดิฉันจะกลับมาเอาทีหลัง phǒm/dichán ca klàp maa ao thii lǎng
Do you have a bag for me, please?	คุณมีถุงไหมครับ/ค่ะ khun mii thǔng mái khráp/khá
Could you gift wrap it, please?	ช่วยห่อของขวัญให้หน่อยได้ไหมครับ/ค่ะ chûai hàw khǎwng khwǎn hâi nàwi dâi mái khráp/khá

เสียใจนะครับ/ค่ะ เราไม่มี	I'm sorry, we don't have that
เสียใจนะครับ/ค่ะ ขายหมดแล้ว	I'm sorry, we're sold out
เสียใจนะครับ/ค่ะ มันจะไม่มาจน...	I'm sorry, it won't come back in until...
กรุณาจ่ายที่เคาน์เตอร์เก็บตัง	Please pay at the cash register
เราไม่รับบัตรเครดิตครับ/ค่ะ	We don't accept credit cards
เราไม่รับเช็คเดินทางครับ/ค่ะ	We don't accept traveler's checks
เราไม่รับเงินต่างประเทศครับ/ค่ะ	We don't accept foreign currency

10.2 Food

I'd like a hundred grams of..., please	ผม/ดิฉันเอา...ร้อยกรัมครับ/ค่ะ phŏm/dichán ao...rá wi kram khráp/khá
I'd like half a kilo/ five hundred grams of...	ผม/ดิฉันเอา...ครึ่งกิโล/ห้าร้อยกรัม ครับ/ค่ะ phŏm/dichán ao...khrûeng kiloh/hâa ráwi kram khráp/khá
I'd like a kilo of...	ผม/ดิฉันเอา...หนึ่งกิโลครับ/ค่ะ phŏm/dichán ao...nûeng kiloh khráp/khá
Could you...it for me, please?	ช่วย...ให้หน่อยได้ไหมครับ/คะ chûa...hâi nàwi dâi mái khráp/khá
– slice it/cut it up for me, please?	ช่วย หั่น/ตัด ให้หน่อยครับ/คะ chûai hàn/tàt hâi nàwi khráp/khá
– grate it for me, please?	ซอยให้หน่อยครับ/ค่ะ sawi hâi nàwi khráp/khá
Can I order it?	สั่งมาได้ไหมครับ/คะ sàng maa dâi mái khráp/khá
I'll pick it up tomorrow at...	ผม/ดิฉันจะไปเอาพรุ่งนี้ที่... phŏm/dichán ca pai ao phrûng níi thîi...
Can you eat/drink this?	กิน/ดื่ม นี้ได้ไหม kin/dùehm níi dai mái
What's in it?	อะไรอยู่ข้างใน arai yùu khâng nai

10.3 Clothing and shoes

I saw something in the window.	ผม/ดิฉันเห็นอะไรบางอย่างในหน้าต่าง phŏm/dichán hĕn arai baang yàang nai nâatàang
Shall I point it out?	จะให้ชี้ให้ดูไหม ca hâi chíi hâi duu mái
I'd like something to go with this	อยากได้อะไรที่เข้ากับนี่ yàak dâi arai thîi khâo kàp nîi
Do you have shoes to match this?	มีรองเท้าที่เข้าชุดกับนี้ไหม mii rawng tháo thîi khâo chút kàp níi mái
I'm a size...in the US	ผม/ดิฉันขนาด...ของอเมริกา phŏm/dichán khanàat...khǎwng amehríkaa
I'm a size...in Australia	ผม/ดิฉันขนาด...ของออสเตรเลีย phŏm/dichán khanàat...khǎwng áws(a)trehlia
Can I try this on?	ขอลองได้ไหม khǎw lawng dâi mái
Where's the fitting room?	ห้องลองเสื้ออยู่ที่ไหน hâwng lawng sûea yùu thîi nǎi
It doesn't suit me	ไม่เหมาะกับผม/ดิฉัน mâi màw kàp phŏm/dichán
This is the right size	ขนาดนี้ถูกต้อง khanàat níi thùuk tâwng
It doesn't look good on me	ผม/ดิฉันใส่แล้วดูไม่ดี phŏm/dichán sài láeo duu mâi dii
Do you have this/ these in...[size]?	คุณมีอย่างนี้ขนาด...ไหม khun mii yàang níi khanàat...mái
Do you have this/ these in... [color]?	คุณมีอย่างนี้สี...ไหม khun mii yàang níi sǐi...mái
The heel's too high/low	ส้น สูงไป/เตี้ยไป sôn sǔung pai/fia pai

Shopping

10

Is this real leather/genuine hide?	นี่หนังแท้หรือเปล่า nîi năng tháeh rúe plào
I'm looking for a... for a...-year-old child	ผม/ดิฉันกำลังหา...สำหรับเด็ก...ขวบ phŏm/dichán kamlang hăa... sămràp dèk...khùap
I'd like a...	ผม/ดิฉันอยากได้... phŏm/dichán yàak dâi...
– silk	ผ้าไหมไทย phâa măi thai
– cotton	ผ้าฝ้าย phâa fâi
– woolen	ผ้าขนสัตว์ phâa khŏn sàt
– linen	ผ้าลินิน phâa línin
What temperature can I wash it at?	ควรซักในอุณหภูมิเท่าไร khuan sák nai unhàphuum thâorài
Will it shrink in the wash?	ซักแล้วจะหดไหม sák láeo ca hòt mái

ซักมือ Hand wash	ซักแห้ง Dry clean	อย่ารีด Do not iron
ซักเครื่องได้ Machine washable	อย่าหมุนให้แห้ง Do not spin dry	วางราบ Lay flat

Shopping

At the cobbler

Could you mend these shoes?	ช่วยซ่อมรองเท้านี้ได้ไหม chûai sâwm rawng tháo níi dâi mái
Could you resole/reheel these shoes?	ช่วยใส่ พื้น/ส้น รองเท้านี้ใหม่ได้ไหม chûai sài phúehn/sôn rawng tháo níi mài dâi mái
When will they be ready?	จะเสร็จเมื่อไร ca sèt mûearài
I'd like..., please	ผม/ดิฉันอยากได้...ครับ/ค่ะ phŏm/dichán yàak dâi...khráp/khá
– a can of shoe polish	ยาขัดรองเท้าหนึ่งกระป๋อง yaa khàt rawng tháo nùeng krapăwng
– a pair of shoelaces	เชือกผูกรองเท้าหนึ่งคู่ chûeak phùuk rawng tháo nùeng khûu

10.4 Photographs and video

I'd like a film for this camera, please	ผม/ดิฉันอยากได้ฟิล์มหนึ่งม้วนครับ/ค่ะ phŏm/dichán yàak dâi fiim nùeng múan khráp/khá
I'd like a cartridge, please	ผม/ดิฉันอยากได้หนึ่งคาร์ทริดจ์ครับ/ค่ะ phŏm/dichán yàak dâi nùeng khaathrìt khráp/khá
– a one twenty-six cartridge	ผม/ดิฉันอยากได้คาร์ทริดจ์ ขนาดหนึ่งยี่สิบหกครับ/ค่ะ khanàat ráwi yîi sìp hòk khráp/khá

– a slide film _____	ฟิล์มสำหรับสไลด์หนึ่งม้วน
	fiim sămràp salai nùeng múan
– a movie cassette, please _	คาสเซ็ทหนังครับ/ค่ะ
	kháasèt năng khráp/khâ
– a videotape _____	เทปวิดีโอ
	théhp widiioh
color/black and white ____	สี/ขาวดำ
	sĭi/khăo dam
super eight _____	ซูเปอร์เอท
	suupôeh éht
12/24/36 exposures ____	สิบสอง/ยี่สิบสี่/สามสิบหก รูป
	sìp săwng/yîi sìp sìi/săam sìp hòk rûup
ASA/DIN number... ____	เบอร์ เอเอสเอ/ดีไอเอ็น...
	boeh eh es eh/dii ai en...

Problems

Could you load the _____ film for me, please?	ช่วยใส่ฟิล์มให้หน่อยได้ไหม
	chûai sài fiim hâi nàwi dâi mái
Could you take the film ____ out for me, please?	เอาฟิล์มออกให้หน่อยได้ไหมครับ/คะ
	ao fiim àwk hâi nàwi dâi mái khráp/khá
Should I replace _____ the batteries?	ควรเปลี่ยนแบตเตอรี่ไหม
	khuan plìan baehttoehrîi mái
Could you have a look ____ at my camera, please?	ช่วยดูกล้องให้หน่อยได้ไหมครับ/คะ
	chûai duu klâwng hâi nàwi dâi mái khráp/khá
It's not working _____	มันไม่ทำงาน
	man mâi tham ngaan
The...is broken _____	...เสีย...
	sĭa
The film's jammed _____	ฟิล์มติด
	fiim tìt
The film's broken _____	ฟิล์มเสีย
	fiim sĭa
The flash isn't working ____	แฟลชไม่ทำงาน
	fláet mâi tham ngaan

Processing and prints

I'd like to have this film ____ developed/printed, please	ผม/ดิฉันอยาก ล้าง/อัด รูปหน่อยครับ/ค่ะ
	phŏm/dichán yàak láang/àt rûup nàwi khráp/khâ
I'd like...prints from _____ each negative	ผม/ดิฉันอยากได้อย่างละ...ชุด
	phŏm/dichán yàak dâi yàang lá...chút
glossy/matte _____	มัน/ด้าน
	man/dâan
6 x 9 _____	ขนาดหกคูณเก้า
	khanàat hòk khuun kao
I'd like to order _____ reprints of these photos	ผม/ดิฉันอยากสั่งอัดรูปพวกนี้อีก
	phŏm/dichán yàak sàng àt rûup phûak níi ìik
I'd like to have this _____ photo enlarged	ผม/ดิฉันอยากขยายรูปนี้
	phŏm/dichán yàak khayăi rûup níi
How much is _____ processing?	อัดล้างรูปเท่าไร
	àt láang rûup thâorài
How much for printing? __	ค่าอัดเท่าไร
	khâa àt thâorài

Shopping 10

How much are the _____ reprints?	ค่าอัดเพิ่มเท่าไร khâa àt phôehm thâorài
How much is it _____ for enlargement?	ค่าขยายรูปเท่าไร khâa khayǎi rûup thâorài
When will they _____ be ready?	จะเสร็จเมื่อไร ca sèt mûearài
Can you process onto CD? _	คุณอัดรูปเข้าซีดีได้ไหม khun àt rûup khâo sii dii dâi má
How much is it _____ to process onto a CD?	ค่าอัดรูปเข้าซีดีเท่าไหร่ khâa àt rûup khâo sii dii thâorài

10 .5 At the hairdresser

Do I have to make an _____ appointment?	ผม/ดิฉันต้องนัดไหม phǒm/dichán tâwng nát mái
Can I come in right _____ now?	ผม/ดิฉันมาตอนนี้ได้ไหม phǒm/dichán maa tawn níi dâi mái
How long will I have_____ to wait?	ผม/ดิฉันต้องรอนานเท่าไร phǒm/dichán tâwng raw naan thâorài
I'd like a shampoo/ _____ haircut	ผม/ดิฉันอยาก สระผม/ตัดผม phǒm/dichán yàak sà phǒm/tàt phǒm
I'd like a shampoo for _____ oily/dry hair, please	ผม/ดิฉันอยากได้แชมพูสำหรับ ผมมัน/ผมแห้ง ครับ/ค่ะ phǒm/dichán yàak dâi chaehmphuu sǎmràp *phǒm man*/*phǒm hâehng* khráp/khâ
I'd like an anti-dandruff _____ shampoo	ผม/ดิฉันอยากได้แชมพูกันรังแค phǒm/dichán yàak dâi chaehmphuu kan rangkhaeh
I'd like a color-rinse _____ shampoo, please	ผม/ดิฉันอยากได้แชมพูล้างสีครับ/ค่ะ phǒm/dichán yàak dâi chaehmphuu láang sǐi khráp/khá
I'd like a shampoo with _____ conditioner, please	ผม/ดิฉันอยากได้แชมพูที่มีคอนดิชันเนอร์ครับ/ค่ะ phǒm/dichán yàak dâi chaehmphuu thîi mii khawndichan-nôeh khráp/khá
I'd like highlights, please___	ผม/ดิฉันอยากได้ไฮไลต์ผมครับ/ค่ะ phǒm/dichán yàak dâi hailái(t) phǒm khráp/khá
Do you have a color _____ chart, please?	คุณมีแผ่นสีให้เลือกไหม khun mii phàen sǐi hâi lûeak mái
I'd like to keep _____ the same color	ผม/ดิฉันอยากเก็บสีเก่าไว้ phǒm/dichán yàak kèp sǐi kào wai
I'd like it darker/lighter _____	ผม/ดิฉันอยากได้สี เข้มกว่า/อ่อนกว่า phǒm/dichán yàak dâi sǐi *khêm kwàa*/*àwn kwàa*
I'd like/I don't want _____ hairspray	ผม/ดิฉัน อยากฉีด/ไม่อยากฉีด สเปรย์ phǒm/dichán yàak chìit/mâi *yàak chìit* sapreh
– gel_____	ใส่เจล sài cehl
– lotion _____	ใส่โลชั่น sài lohchân
I'd like short bangs _____ (a short fringe)	อยากได้ผมม้า yàak dâi phǒm máa
Not too short at the back _	ข้างหลังไม่สั้นมาก khâng lǎng mâi sân mâak
Not too long _____	ไม่ยาวไป mâi yao pai

I'd like it curly/not too curly	ผม/ดิฉันอยากให้ หยิก/ไม่หยิกมาก
	phŏm/dichán yàak hâi yìk/mâi yìk mâak
It needs a little/ a lot taken off	ต้องเอาออก นิดหน่อย/เยอะ ๆ
	tâwng ao àwk nít nàwi/yóe yóe
I'd like a completely different style/a different cut	ผม/ดิฉันอยาก เปลี่ยนเป็นทรงใหม่/ ตัดแบบใหม่ ทั้งหมด
	phŏm/dichán yàak plìan pen song mài/ tàt bàehp mài tháng mòt
I'd like it the same as in this photo	ผม/ดิฉันอยากให้เหมือนในรูปนี้
	phŏm/dichán yàak hâi mŭean nai rûup níi
– as that woman's	เหมือนของผู้หญิงคนนั้น
	mŭean khăwng phûu yĭng khon nán
Could you turn the drier up/down a bit?	ช่วย เร่งที่เป่าผม/ลดที่เป่าผม นิดหน่อยได้ไหม
	chûai rêng thîi pào phom/lót thîi pào phŏm nít nàwi dâi mái

จะให้ตัดอย่างไร	How do you want it cut?
คุณอยากได้ทรงไหน	What style did you have in mind?
คุณชอบสีไหน	What color did you want it?
อุณหภูมิพอดีไหม	Is the temperature all right for you?
คุณอยากอ่านอะไรไหม	Would you like something to read?
คุณอยากดื่มอะไรไหม	Would you like a drink?
คุณอยากได้อย่างนี้หรือ	Is this what you had in mind?

Shopping 10

I'd like a facial	อยากทำหน้า
	yàak tham nâa
– a manicure	ทำเล็บ
	yàak tham lép
– a massage	นวด
	yàak nûat
Could you trim my ..., please?	ช่วยเล็ม...ให้หน่อยครับ/ค่ะ
	chûai lem...hâi nàwi khráp/khá
– bangs (fringe)	ผมม้า
	phŏm máa
– beard	เครา
	khrao
– mustache?	หนวด
	nùat
(male) I'd like a shave, please	ผมอยากโกนหนวด/เคราครับ/ค่ะ
	phŏm yàak kohn nùat/khrao khráp/khá
(male) I'd like a wet shave, please	ผมอยากโกนหนวดแบบใส่ครีม
	phŏm yàak kohn nùat bàehp sài khriim

99

At the Tourist Information Center

11.1 Places of interest   101

11.2 Going out   103

11.3 Reserving tickets   104

11 At the Tourist Information Center

11.1 Places of interest

● **Places of interest** in Thailand involve both tourists as well as Thais for entertainment—but sometimes prices differ. At the Lumpini Stadium (sanǎam muai lumphínii) you can enjoy the excitement of Thai kick boxing, while feeling hot, smelly and sticky. The crocodile farm (faam cawrákhêh) at Samutprakarn (samùtpraakaan) is a must to see, while the floating market (talàat náam) at Damnoensaduak (damnoehn sadùak) provides a little lighter and cooler entertainment. Bangkok is famous for its bustling, buzzing night clubs (Patpong [phátphong], Sukhumvit soi 4 [sawi khawbawi] and New Road [thanǒn caroehnkrung]) as well as for its quiet, calm and beautiful temples: Wat Phra Kaeo (wát phrá kâeo), the Temple of the Emerald Buddha at the Grand Palace; Wat Pho (wát phoh), the temple of the Reclining Buddha; and Wat Arun (wát arun), the Temple of the Dawn on the west bank of the Chaopraya River. Wat Phra Kaeo is a *must* for every tourist interested in Thai culture.

The best place to find out about what's on, and where, is the Tourism Authority of Thailand (TAT). In case you enquire before departure, they have offices in many major world cities. Their head office is in Le Concorde Building, at 202 Ratchadaphisek Road (thanǒn rátchadaaphísèhk), Huai Khwang, Bangkok 10310; tel: (66) 2 694 1222; fax: (66) 2 694 1220-1. Note that when calling in Thailand, you should add (02) (for Bangkok) followed by the last seven digits. There are TAT offices at Don Muang airport terminals 1 and 2 (open 8 am to midnight) and at Chatuchak weekend market (talàat catùcàk) (open 9 am to 5 pm on weekends). In case of emergency, and for complaints, there's a 24-hour toll-free number on 1155.

Of course, hotels, backpacker hostels and guesthouses all have information on places to visit, tours to take and shops to spend money in. Do be wary of touts, although they can be useful sources of information.

Where's the Tourist Information, please?	หน่วยบริการนักท่องเที่ยวอยู่ที่ไหนครับ/คะ nùai bawríkaan nák thâwng thîao yùu thîi nái khráp/khá
Do you have a city map?	มีแผนที่ของเมืองไหม mii phǎehn thîi khǎwng mueang mái
Where is the museum?	พิพิธภัณฑ์อยู่ที่ไหนครับ/คะ phíphíthaphan yùu thîi nái khráp/khá
Where can I find a church?	โบสถ์อยู่ที่ไหนครับ/คะ bòht yùu thîi nái khráp/khá
Could you give me some information about...?	ช่วยบอกผม/ดิฉันเกี่ยวกับ...หน่อยได้ไหมครับ/คะ chûai bàwk phǒm/dichán kìao kàp...nàwi dâi mái khráp/khá
How much is that?	นี่เท่าไร nîi thâorài
What are the main places of interest?	ที่ไหนน่าเที่ยวบ้าง thîi nǎi nâa thîao bâang
Could you point them out on the map?	ช่วยชี้ในแผนที่ให้หน่อยได้ไหม chûai chíi nai phǎehn thîi hâi nàwi dâi mái

101

At the Tourist Information Center

What do you recommend?	คุณแนะนำอะไรดี	khun náe-nam arai dii
We'll be here for a few hours	เราจะอยู่ที่นี่สักสองสามชั่วโมง	rao ca yùu thîi nîi sák sǎwng sǎam chûamohng
We'll be here for a day	เราจะอยู่ที่นี่สักหนึ่งวัน	rao ca yùu thîi nîi sák nùeng wan
We'll be here for a week	เราจะอยู่ที่นี่สักหนึ่งอาทิตย์	rao ca yùu thîi nîi sák nùeng aathít
We're interested in...	เราสนใจ...	rao sǒncai...
Is there a scenic walk around the city?	มีที่เดินเที่ยวรอบเมืองไหม	mii thîi doehn thîao rawp mueang mái
How long does it take?	ใช้เวลาเท่าไร	chái wehlaa thâorài
Where does it start/end?	เริ่ม/สุด ที่ไหน	rôehm/sùt thîi nǎi
Are there any boat trips?	มีนั่งเรือเที่ยวไหม	mii nâng ruea thîao mái
Where can we board?	เราลงเรือที่ไหนได้	rao long ruea thîi nǎi dâi
Are there any bus tours?	มีนั่งรถเที่ยวไหม	mii nâng rót thîao mái
Where do we get on?	ขึ้นรถได้ที่ไหน	khûn rót dâi thîi nǎi
Is there a guide who speaks English?	มีไกด์ที่พูดภาษาอังกฤษไหม	mii kái thîi phûut phaasǎa angkrìt mái
What trips can we take around the area?	เราจะไปเที่ยวรอบ ๆบริเวณได้อย่างไร	rao ca pai thîao rawp rawp bawríwehn dâi yàangrai
Are there any excursions?	มีทัศนศึกษาไหม	mii thátsanǎ sùeksǎa mái
Where do they go?	พวกนั้นไปไหน	phûak nán pai mái
We'd like to go to...	เราอยากไป...	rao yâak pai...
How long is the excursion?	ทัศนศึกษานานเท่าไร	thátsanǎ sùeksǎa naan thâorài
How long do we stay in...?	เราพักที่...นานเท่าไร	rao phák thîi...naan thâorài
Are there any guided tours?	มีทัวร์ที่มีไกด์ไหม	mii thua thîi mii kái mái
How much free time will we have there?	ที่นั่นเรามีเวลาว่างเท่าไร	thîi nân rao mii wehlaa wâang thâorài
We want to have a walk around/to go on foot	เราอยาก ไปเดินเล่นรอบ ๆ/เดินไป	rao yâak pai *doehn lên rawp rawp/doehn pai*
Can we hire a guide?	เราจ้างไกด์ได้ไหม	rao câang kai dâi mái
Can we reserve a hillside hut?	เราจองกระท่อมสนได้ไหม	rao cawng krathâwm sǒn dâi mái
What time does... open/close?	...เปิด/ปิดกี่โมง	...pòeht/pìt kìi mohng
What days is...open/closed?	...เปิด/ปิดวันไหน	...pòeht/pìt wan nǎi
What's the admission price?	ค่าเข้าเท่าไร	khâa khâo thâorài
Is there a group discount?	ไปเป็นกลุ่มมีราคาพิเศษไหม	pai pen klùm mii raakhaa phísèht mái

11

Is there a child discount?	มีราคาเด็กไหม
	mii raakhaa dèk mái
Is there a discount for senior citizens?	มีราคาผู้สูงอายุไหม
	mii raakhaa phûu sŭung aayú mái
Can I take (flash) photos/can I film here?	ถ่ายรูป(ใช้แฟลช)ได้ไหม/ถ่ายวิดีโอได้ไหม
	thàai rûup (chái fláet) dâi mái/thài widiioh dâi mái
Do you have any postcards of...?	มีโปสการ์ดของ...ไหม
	mii pohtsakàat khăwng...mái
Do you have an English...?	มี...ภาษาอังกฤษไหม
	mii...phaasăa angkrìt mái
– catalog?	แค็ตตาล็อก
	kháettaalàwk
– program?	โปรแกรม
	prohkraehm
– brochure?	แผ่นพับ
	phàehn pháp

11.2 Going out

● **There are several night shows** available in Bangkok, based on Thai classical music and dancing and sometimes a meal is featured. Discos and the like can be found around town, and many hotels specialize in western-style entertainment. On the other hand, an evening of traditional Thai-style massage (nûat bàehp thai phăehn bohraan) can be most relaxing. For those who appreciate concerts, they are often played at the National Theater (rohng lakhawn hàehng châat). Call the TAT for availability and prices.

There are several cinemas in Bangkok, e.g. Century, Lido, Scala, Hollywood; and both Thai and foreign films are shown. Check whether the sound is dubbed into Thai or left in its original language with Thai subtitles. Upcountry there are outdoor cinemas, although the movies may not be in English or necessarily subtitled. Note that sometimes Chinese subtitles are added.

Do you have this week's/month's entertainment guide?	คุณมีรายการทีวีของ อาทิตย์นี้/เดือนนี้ ไหม
	khun mii raikaan thiiwii khăwng *aathít níi/ duean níi* mái
What's on tonight?	คืนนี้มีอะไร
	khuehn níi mii arai
We want to go to...	เราอยากไปที่...
	rao yàak pai thîi...
What's playing at the cinema?	มีหนังอะไรฉาย
	mii năng arai chăi
What sort of film is that?	นั่นเป็นหนังประเภทไหน
	nân pen năng praphêht năi
– suitable for everyone	เหมาะสำหรับทุกคน
	màw sămràp thúk khon
– not suitable for people under 12/under 16	ไม่เหมาะสำหรับเด็กอายุ ต่ำกว่าสิบสอง/ต่ำกว่าสิบหก
	mâi màw sămràp dèk aayú tàm *kwàa sìp săwng/tàm kwàa sìp* hòk
– original version	หนังดั้งเดิม
	năng dâng doehm

At the Tourist Information Center

– subtitled _____	ที่มีบรรยาย
	thîi mii ban yai
– dubbed _____	พากย์
	phâak
Is it a continuous _____ showing?	ฉายต่อเนื่องหรือเปล่า
	chǎi tàw nûeang rúe plào
What's on at...? _____	มีอะไรที่...
	mii arai thîi...
– the theater? _____	โรงละคร
	rohng lakhawn
– the opera? _____	โรงละครโอเปร่า
	rohng lakhawn ohphehrâa
What's happening _____ in the concert hall?	มีอะไรที่คอนเสิร์ตฮอลล์
	mii arai thîi khawnsòeht hawn
Where can I find a good _____ disco around here?	แถวนี้มีดิสโก้ดี ๆที่ไหน
	thǎeo níi mii ditsakoh dii dii thîi nǎi
Is it members only? _____	เฉพาะสมาชิกเท่านั้นหรือ
	chapháw samaachík thâo nán lǒeh
Where can I find a good _____ nightclub around here?	แถวนี้มีไนท์คลับดี ๆที่ไหน
	thǎeo níi mii nái(t) khláp dii dii thîi nǎi
Is it evening wear only? _____	ใส่ได้เฉพาะชุดราตรีเท่านั้นหรือ
	sài dâi chapháw chút raatrii thâo nán lǒeh
Should I/we dress up? _____	ผม/ดิฉัน/เราควรแต่งตัวดีหรือเปล่า
	phǒm/dichán/rao khuan tàehng tua dii rúe plào
What time does the _____ show start?	งานเริ่มกี่โมง
	ngaan rôehm kìi mohng
When's the next soccer _____ match?	ฟุตบอลคู่ต่อไปเมื่อไร
	fútbawn khûu tàw pai mûearai
Who's playing? _____	ใครเล่น
	khrai lên
I'd like an escort (male/ female) for tonight	อยากได้ หนุ่มควง/สาวควง สำหรับคืนนี้
	yàak dâi *nùm khuang/sǎo khuang* sǎmràp khuehn níi

11.3 Reserving tickets

Could you reserve some _____ tickets for us?	เราขอจองตั๋วหน่อยได้ไหมครับ/ค่ะ
	rao khǎw cawng tǔa nàwi dâi mái khráp/khá
We'd like to book... _____ seats/a table for...	เราอยากจอง...ที่/โต๊ะ สำหรับ...คน
	rao yàak cawng...thîi/tó sǎmràp...khon
...seats in the orchestra _____ in the main section	...ที่ตรงกลางในออเคสตรา
	... thîi trong klaang nai awkhes(a)trâa
...seats in the circle _____	...ที่ในวงกลม
	...thîi nai wong klom
a box for... _____	ชั้นบอกซ์สำหรับ...คน
	chán báwk sǎmràp...
...front row seats/ _____ a table for... at the front	...ที่แถวหน้า/โต๊ะสำหรับ...คนแถวข้างหน้า
	...thîi thǎeo nâa/tó sǎmràp...khon thǎeo kháng nâa
...seats in the middle/ _____ a table in the middle	...ที่ตรงกลาง/โต๊ะตรงกลาง
	...thîi trong klaang/tó trong klaang
...back row seats/ _____ a table at the back	...ที่ในแถวหลัง/โต๊ะแถวข้างหลัง
	...thîi nai thǎeo lǎng/tó thǎeo kháng lǎng
Could I reserve...seats for _____ the...o'clock performance?	ขอจอง...ที่สำหรับรอบ...นาฬิกา
	khǎw cawng...thîi sǎmràp râwp...naalíkaa

Are there any seats left for tonight? ____ มีที่เหลือบ้างไหมสำหรับคืนนี้
mii thîi lŭea bâang mái sămràp khuehn níi

How much is a ticket? ____ ตั๋วใบละเท่าไร
tŭa bai lá thâorài

When can I pick up the tickets? ____ รับตั๋วได้เมื่อไร
ráp tŭa dâi mûearai

I've got a reservation ____ ผม/ดิฉันจองตั๋วไว้แล้ว
phŏm/dichán cawng tŭa wái láeo

My name's... ____ ผม/ดิฉันชื่อ...
phŏm/dichán chûeh...

At the Tourist Information Center

คุณอยากจองรอบไหน	Which performance do you want to reserve for?
คุณอยากนั่งที่ไหน	Where would you like to sit?
ตั๋วขายหมดแล้ว	Everything's sold out
มีแต่ที่ยืนเท่านั้น	It's standing room only
เหลือแต่ที่ในวงกลม	We've only got circle seats left
เหลือแต่ที่ชั้นบนในวงกลม	We've only got upper circle (way upstairs) seats left
เหลือแต่ที่ในออเคสตรา	We've only got orchestra seats left
เหลือแต่ที่แถวหน้า	We've only got front row seats left
เหลือแต่ที่แถวหลัง	We've only got seats left at the back
คุณต้องการกี่ที่	How many seats would you like?
คุณจะต้องมารับตั๋วก่อน...นาฬิกา	You'll have to pick up the tickets before...o'clock
ขอตั๋วครับ/ค่ะ	Tickets, please
นี่ที่ของคุณ	This is your seat
คุณนั่งผิดที่	You're in the wrong seat

11

Sports

12.1 Sporting questions 107

12.2 By the waterfront 107

12.3 Seaside water/jet skiing 108

12 Sports

12.1 Sporting questions

Where can we _____ around here?	เรา...ได้ที่ไหนแถวนี้
	rao...dâi thîi nǎi thǎeo níi
Can I/we hire a...?	ผม/ดิฉัน/เรา เช่า...ได้ไหม
	phǒm/dichán/rao châo...dâi mái
Can I/we take...lessons?	ผม/ดิฉัน/เราเรียน...ได้ไหม
	phǒm/dichán/rao rian...dâi mái
– swimming	ว่ายน้ำ
	wâi náam
– diving	ดำน้ำ
	dam náam
– water skiing	เล่นสกีน้ำ
	lên sakii náam
– motor boating	ขับเรือยนต์
	khàp ruea yon
How much is that per hour/per day	นั่น ชั่วโมงละ/วันละ เท่าไหร่
	nân chûamohng lá/wan lá thâorài
How much is each one?	อันละเท่าไหร่
	an lá thâorài
Do you need a permit for that?	ต้องมีใบอนุญาตไหม
	tâwng mii bai anúyâat mái
Where can I get the permit?	ขอใบอนุญาตได้ที่ไหน
	khǎw anúyâat dâi mái thîi nǎi

12.2 By the waterfront

Is it far (to walk) to the sea?	(เดิน) ไปถึงทะเลไกลไหม
	(doehn) pai thǔeng thaleh klai mái
Is there a...around here?	แถวนี้มี...ไหม
	thǎeo níi mii...mái
– swimming pool	สระว่ายน้ำ
	sà wâi náam
– sandy beach	หาดทราย
	hàat sai
– nudist beach	หาดเปลือยอาบแดด
	hàat plueai àap dàeht
– mooring (place)/dock	ที่จอดเรือ
	thîi càwt ruea
Are there any rocks here?	ที่นี่มีโขดหินไหม
	thîi nîi mii khòht hǐn mái
When's high/low tide?	น้ำขึ้น/น้ำลง เมื่อไร
	náam khûen/náam long mûearai
What's the water temperature?	อุณหภูมิน้ำเท่าไหร่
	unhàphuum náam thâorài
Is it (very) deep here?	ที่นี่น้ำลึก(มาก)ไหม
	thîi nîi náam lúek (mâak) mái
Is it safe (for children) to swim here?	ปลอดภัย(สำหรับเด็ก)ไหมที่จะว่ายน้ำที่นี่
	plàwt phai (sǎmràp dèk) mái thîi ca wâi náam thîi nîi

107

Are there any currents?	มีกระแสน้ำไหม
	mii krasǎeh náam mái
Are there any rapids/ waterfalls along this river?	แม่น้ำนี้มี น้ำเชี่ยว/น้ำตก ไหม
	mâeh náam níi mii náam chîao/náam tòk mái
What does that flag/ buoy mean?	ธงนั้น/ลูกบอลล์ลอยน้ำนั้นหมายความว่าอะไร
	thong náam/lûuk bawn lawi náam nán mǎi khwaam wâa arai
Is there a lifeguard on duty?	มีหน่วยกู้ภัยประจำการหรือเปล่า
	mii nùai kûu phai pracam kaan rúe plao
Are dogs allowed here?	สุนัขเข้าได้ไหม
	sunák khâo dâi mái
Is camping on the beach allowed?	ตั้งแคมป์บนหาดได้ไหม
	tâng khaehm bon hàat dâi mái
Can we light a fire?	จุดไฟได้ไหม
	cùt fai dâi mái

เขตตกปลา	มีใบอนุญาตเท่านั้น	งดเล่นกระดานโต้คลื่น
Fishing water	**Permits only**	**No surfing**
อันตราย	งดว่ายน้ำ	งดตกปลา
Danger	**No swimming**	**No fishing**

12.3 Seaside water/jet-skiing

Can I take water/jet ski lessons here?	เรียนเล่น สกีน้ำ/เจ็ทสกี ที่นี่ได้ไหม
	rian lên sakii/cét sakii thîi nîi dâi mái
For beginners/ intermediates	สำหรับ ระดับเริ่มต้น/ระดับปานกลาง
	sǎmràp rádàp rôehm tôn/rádàp paan klaang
How large are the groups?	กลุ่มใหญ่แค่ไหน
	klùm yài khâeh nǎi
What language are the classes in?	ใช้ภาษาอะไร
	chái phaasǎa arai
I'd like to hire a water/jet ski, please	ผม/ดิฉันอยากเช่า ที่เล่นสกี/เจ็ทสกี หน่อย
	phǒm/dichán yàak châo thîi lên sakii/cét sakii nàwi
Do I need any special clothing?	ผม/ดิฉันต้องการเสื้อผ้าพิเศษบ้างไหม
	phǒm/dichán tâwngkaan sûea phâa phíseht bâang mái
Are there any beaches safe to water/jet ski around here?	แถวนี้มีหาดที่ปลอดภัยสำหรับเล่น สกี/เจ็ทสกี บ้างไหม
	thǎeho níi mii hàat plàwt phai sǎmràp lên sakii/cét sakii bâang mái
Have the water/jet-skiing areas been signposted?	บริเวณเล่น สกี/เจ็ทสกี จะมีป้ายติดหรือเปล่า
	bawríwehn lên sakii/cét sakii ca mii pâi tìt rúe plào
Are the...open?	...เปิดหรือเปล่า
	...pòeht rúe plào
– water/jet ski hirings	ร้านเช่า ที่เล่นสกี/เจ็ทสกี
	ráan châo thîi lên sakii/cét sakii
– beach cafés	ร้านกาแฟที่หาด
	ráan kaafaeh thîi hàat
– beach chair hirings	ร้านเช่าเก้าอี้ชายหาด
	ráan châo kâo îi chai hàat
– fresh-water showers	ที่เช่าอาบน้ำจืด
	thîi châo àap náam cùeht

Sickness

13.1 Call (get) the doctor 110

13.2 Patient's ailments 110

13.3 The consultation 111

13.4 Medication and prescriptions 114

13.5 At the dentist 114

13 Sickness

13.1 Call (get) the doctor

● **If you become ill**, there are clinics in major towns and in shopping centers in Bangkok—most have a doctor on call. Clinics are used to treating such matters as diarrhea (tháwng doehn), STDs (rôhk tìt tàw) and tropical ailments. If you need emergency treatment, go to Casualty (hâwng phûu pùai chùk chǒehn) at the nearest hospital. Hospitals in Thailand are not free, so if you are insured at home, remember to have the desk clearly mark the sickness and treatment received on your receipt. A credit card may be needed as surety for any stay in hospital.

Could you call (get) a _____ doctor quickly, please?	ช่วยเรียกหมอด่วนครับ/ค่ะ chûai ñak mǎw dùan khráp/khá
When does the doctor _____ have office hours?	คลินิกหมอเปิดกี่โมง khliinìk mǎw pòeht kìi mohng
When can the doctor _____ come?	หมอมาได้กี่โมง mǎw maa dâi kìi mohng
Could I make an _____ appointment to see the doctor?	ขอนัดหมอได้ไหมครับ/ค่ะ khǎw nát mǎw dâi mái khráp/khá
I've got an appointment ___ to see the doctor at...o'clock	ผม/ดิฉันนัดหมอไว้ตอน...นาฬิกา phǒm/dichán nát mǎw wái tawn...naalíkaa
Which doctor/pharmacy _____ has night/weekend duty?	หมอ/ร้านขายยาที่ไหนเปิด ตอนกลางคืน/วันเสาร์อาทิตย์ ráan mǎw/khǎi yaa thîi nai pòeht tawn klaang khuehn/wan sǎo aathít

13.2 Patient's ailments

I don't feel well _____	ผม/ดิฉันไม่ค่อยสบาย phǒm/dichán mâi khâwi sabai
I'm dizzy _____	ผม/ดิฉันมึนหัว phǒm/dichán muen hǔa
– ill _____	ป่วย pùai
I feel sick (nauseous) _____	ผม/ดิฉันคลื่นไส้ phǒm/dichán khlûehn sâi
I've got a cold _____	ผม/ดิฉันเป็นหวัด phǒm/dichán pen wàt
It hurts here _____	เจ็บที่นี่ cèp thîi nîi
I've been sick (vomited) ____	ผม/ดิฉันจะอาเจียน phǒm/dichán ca aacian
I've got... _____	ผม/ดิฉันเป็น... phǒm/dichán pen...
I'm running a _____ temperature of...degrees	ผม/ดิฉันอุณหภูมิขึ้น...องศา phǒm/dichán unhàphuum khûen...ongsǎa
I've been... _____	ผม/ดิฉันโดน... phǒm/dichán dohn...
– stung by a wasp/bee _____	ต่อ/ผึ้ง ต่อย tàw/phûeng tâwi
– stung by an insect _____	แมลงต่อย malaehng tâwi

– stung by a jellyfish	แมงกะพรุน
	maehngkaphrun
– bitten by a dog	หมากัด
	măa kàt
– bitten by a snake	งูกัด
	nguu kàt
– bitten by something	ตัวอะไรกัด
	tua arai kàt
I've cut myself	ผม/ดิฉันโดนมีดบาด
	phŏm/dichán dohn mîit bàat
I've burned myself	ผม/ดิฉันถูกลวก
	phŏm/dichán thùuk lûak
I've scratched myself	ผม/ดิฉันข่วนตัวเอง
	phŏm/dichán khùan tua ehng
I've had a fall	ผม/ดิฉันหกล้ม
	phŏm/dichán hòk lóm
I've grazed my...	ผม/ดิฉันทำ...ถลอก
	phŏm/dichán tham...thalàwk
– knee	หัวเข่า
	hŭa khào
– elbow	ข้อศอก
	khâw sàwk
– leg	ขา
	khăa
– arm	แขน
	khăehn
I've sprained my ankle	ข้อเท้าเคล็ด
	khâw tháo klét
I'd like the morning-after pill	อยากได้ยาคุมกำเนิดหลังร่วมเพศ
	yàak dâi yaa khum thîi thaan lăng wan rûam

13.3 The consultation

มีปัญหาอะไร	What seems to be the problem?
คุณเป็นมานานแล้วหรือยัง	How long have you had these complaints?
เคยเป็นอย่างนี้มาก่อนหรือเปล่า	Have you had this trouble before?
ตัวร้อนไหม กี่องศา	Do you have a temperature? What is it?
ถอดเสื้อซิ	Get undressed, please
ถอดถึงเอว	Strip to the waist, please
คุณไปถอดที่นั่นได้	You can undress there
เอาแขนเสื้อข้างซ้าย/ข้างขวาขึ้นซิ	Roll up your left/right sleeve, please
นอนที่นี่ซิ	Lie down here, please
เจ็บไหม	Does this hurt?
หายใจลึก ๆ	Breathe deeply
อ้าปากซิ	Open your mouth

Sickness

13

Patient's medical history

I'm a diabetic	ผม/ดิฉันเป็นเบาหวาน
	phŏm/dichán pen bao wăan
I have a heart condition	ผม/ดิฉันเป็นโรคหัวใจ
	phŏm/dichán pen rôhk hŭa cai
I'm asthmatic	ผม/ดิฉันเป็นโรคหอบหืด
	phŏm/dichán pen rôhk hàwp hùeht
I'm allergic to...	ผม/ดิฉันแพ้...
	phŏm/dichán pháeh...
I'm...months pregnant	ดิฉันท้อง...เดือน
	dichán tháwng...duean
I'm on a diet	ผม/ดิฉันลดความอ้วน
	phŏm/dichán lót khwaam ûan
I'm on medication/the pill	ผม/ดิฉันกำลัง รับการรักษาอยู่/ทานยาคุมกำเนิดอยู่
	phŏm/dichán kamlang ráp kaan ráksăa yùu/ thaan yaa khum kamnòeht yùu
I've had a heart attack once before	ผม/ดิฉันเคยหัวใจวายมาแล้วครั้งหนึ่ง
	phŏm/dichán khoei hŭa cai wai maa láeo khráng nùeng
I've had a(n)...operation	ผม/ดิฉันเคยผ่าตัด ...
	phŏm/dichán khoei phàa tàt...
I've been ill recently	เมื่อไม่นานนี้ผม/ดิฉันป่วย
	mûea mâi naan maa níi phŏm/dichán pùai
I've got a stomach ulcer	ผม/ดิฉันเป็นโรคกระเพาะ
	phŏm/dichán pen rôhk krapháw
I've got my period	ดิฉันมีประจำเดือน
	dichán mii pracam duean

คุณแพ้อะไรหรือเปล่า	Do you have any allergies?
คุณทานยาอะไรอยู่หรือเปล่า	Are you on any medication?
คุณกำลังลดอาหารหรือเปล่า	Are you on a diet?
คุณท้องหรือเปล่า	Are you pregnant?
คุณฉีดยากันบาดทะยักหรือเปล่า	Have you had a tetanus injection?

The diagnosis

ไม่มีอะไรร้ายแรง	It's nothing serious
...ของคุณหัก	Your...is broken
...ของคุณเคล็ด	You've got a sprained ...
...ของคุณฉีกขาด	You've got (a) torn...
คุณติดเชื้อ/มีการอักเสบ	You've got an infection/ some inflammation
คุณไส้ติ่งอักเสบ	You've got appendicitis
คุณเป็นโรคหลอดลมอักเสบ	You've got bronchitis
คุณเป็นกามโรค	You've got a venereal disease
คุณเป็นไข้หวัดใหญ่	You've got the flu

Sickness

13

คุณเป็นโรคหัวใจวาย	You've had a heart attack
คุณเป็นโรคไวรัสอักเสบ	You've got an (viral/bacterial) infection
คุณเป็นโรคปอดบวม	You've got pneumonia
คุณเป็นแผลในกระเพาะอาหาร	You've got gastritis/an ulcer
คุณกล้ามเนื้อฉีก	You've pulled a muscle
อักเสบในช่องคลอด	You've got a vaginal infection
อาหารเป็นพิษ	You've got food poisoning
คุณเป็นลมแดด	You've got sunstroke
คุณแพ้ ...	You're allergic to...
คุณท้อง	You're pregnant
ขอตรวจเลือด/ปัสสาวะ/อุจจาระ	I'd like to have your blood/urine/stools tested
ต้องเย็บ	It needs stitching
ผม/ดิฉันจะส่งคุณไปให้หมอเฉพาะทาง/ส่งไปโรงพยาบาล	I'm referring you to a specialist/sending you to the hospital.
ต้องไปเอกซเรย์	You'll need some x-rays taken
กรุณารอในห้องพักคนไข้นะครับ/ค่ะ	Could you wait in the waiting room, please?
คุณจำเป็นต้องผ่าตัด	You'll need an operation

Is it contagious?	โรคนี้ติดต่อหรือเปล่า	rôhk níi tìt tàw rúe plào
How long do I have to stay...?	ต้องอยู่...นานเท่าไหร่	tâwng yùu...naan thâorài
– in bed	นอนพักในเตียง	nawn phák nai tiang
– in the hospital	โรงพยาบาล	rohng phayaabaan
Do I have to go on a special diet?	ต้องทานอาหารพิเศษไหม	tâwng thaan aahăan phísèht mái
Am I allowed to travel?	เดินทางได้ไหม	doehn thaang dâi mái
Can I make another appointment?	ขอนัดใหม่อีกได้ไหม	khăw nát mài ìik dâi mái
When do I have to come back?	ผม/ดิฉันต้องกลับมาอีกเมื่อไร	phǒm/dichán tâwng klàp maa ìik mûearai
I'll come back tomorrow	ผม/ดิฉันจะกลับมาอีกพรุ่งนี้	phǒm/dichán ca klàp maa ìik phrûeng níi
How do I take this medicine?	ยานี้ทานอย่างไร	yaa níi thaan yàangrai

Sickness 13

พรุ่งนี้/อีก...วันกลับมาใหม่นะครับ/คะ	Come back tomorrow/in...days' time.

13.4 Medication and prescriptions

How many pills/_____ drops/injections/spoonfuls/tablets each time?	ครั้งละกี่ เม็ด/หยด/เข็ม/ช้อน/เม็ด khráng lá kìi *mét/yòt/khěm/cháwn/mét*
How many times a day? ___	วันละกี่ครั้ง wan lá kìi khráng
I've forgotten my_____ medication.	ผม/ดิฉันลืมเอายามา phŏm/dichán luehm ao yaa maa
At home I take..._____	ที่บ้าน ผม/ดิฉันทาน... thîi bâan, phŏm/dichán thaan...
Could you write a _____ prescription for me?	ขอใบสั่งยาหน่อยครับ/ค่ะ khǎw bai sàng yaa nàwi khráp/khá

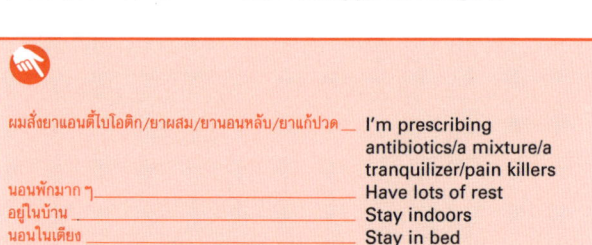

ผมสั่งยาแอนตี้ไบโอติก/ยาผสม/ยานอนหลับ/ยาแก้ปวด	I'm prescribing antibiotics/a mixture/a tranquilizer/pain killers
นอนพักมาก ๆ	Have lots of rest
อยู่ในบ้าน	Stay indoors
นอนในเตียง	Stay in bed

ยา pills	กลืน (ทั้งหมด) swallow (whole)	ยาทา ointment
ละลายในน้ำ dissolve in water	ยานี้ลดสรรถภาพในการขับรถ this medication impairs your driving	ทา rub on
ก่อนอาหาร before meals		... วัน for ... days
ยาเม็ด tablets	ช้อนโต๊ะ/ช้อนชา spoonful/teaspoonful	กิน take
หยด drops	ทุก ... ชั่วโมง every ... hours	วันละ...ครั้ง ...times a day
หลังอาหาร after meals	ยาทาภายนอก external use only	
ทานยาในใบสั่งให้หมด finish the prescription	ฉีดยา injections	

13.5 At the dentist

Do you know a good _____ dentist?	คุณรู้จักหมอฟันดี ๆไหม khun rúucàk mǎw fan dii dii mái
Could you make a _____ dentist's appointment for me?	ช่วยนัดหมอฟันให้หน่อยได้ไหม chûai nát mǎw fan hâi nàwi dâi mái
It's urgent_____	ด่วนนะ dùan ná

Can I come in today, please?	ผม/ดิฉันเข้ามาวันนี้ได้ไหมครับ/ค่ะ phŏm/dichán khâo maa wan níi dâi mái khráp/khá
I have (terrible) toothache	ผม/ดิฉันปวดฟัน (มาก) phŏm/dichán pùat fan (mâak)
Could you prescribe/ give me a painkiller?	ช่วยสั่ง/ขอยาแก้ปวดให้หน่อยได้ไหมครับ/ค่ะ chûai sàng/khăw yaa kâeh pùat hâi nàwi dâi mái khráp/khá
I've got a broken tooth	ฟันผม/ดิฉันหัก fan phŏm/dichán hàk
My filling's come out	ที่อุดฟันหลุด thîi ùt fan lùt
I've got a broken crown	ที่ครอบฟันหัก thîi khrâwp fan hàk
I'd like/I don't want a local anaesthetic	ต้องการ /ไม่ต้องการยาชาเฉพาะที่ tâwngkaan/mâi tâwngkaan yaa chaa chapháw thîi
Can you do a temporary repair?	ช่วยซ่อมชั่วคราวได้ไหม chûai sâwm chûa khrao dâi mái
I don't want this tooth pulled	ผม/ดิฉันไม่ต้องการให้ถอนฟัน phŏm/dichán mâi tâwngkaan hâi thăwn fan
My denture is broken.	ฟันปลอมผม/ดิฉันหัก fan plawm phŏm/dichán hàk
Can you fix it?	คุณซ่อมได้ไหม khun sâwm dâi mái

ฟันไหนปวด	Which tooth hurts?
เหงือกเป็นหนอง	You've got an abscess
ผม/ดิฉันต้องทำรากฟัน	I'll have to do a root canal
ผม/ดิฉันจะใส่ยาชา	I'm giving you a local anaesthetic
ผม/ดิฉันต้องถอน/อุด/ตะไบฟันซี่นี้	I'll have to fill/pull/file this tooth
ผม/ดิฉันต้องกรอฟัน	I'll have to drill it
อ้าปากซิครับ/คะ	Open wide, please
หุบปากซิครับ/คะ	Close your mouth, please
บ้วนปากซิครับ/คะ	Rinse, please
ยังเจ็บอยู่หรือเปล่า	Does it hurt still?

Sickness

13

14 In trouble

14.1 Asking for help 117

14.2 Loss 117

14.3 Accidents 118

14.4 Theft 119

14.5 Missing person 119

14.6 The police 120

14 In trouble

14.1 Asking for help

Help!	ช่วยด้วย
	chûai dûai!
Fire!	ไฟไหม้
	fai mâi fai mâi!
Police!	ตำรวจ
	tamrùat!
Quick/Hurry!	เร็วๆ
	reo reo!
Danger!	อันตราย
	antarai!
Watch out!	ระวัง
	ra-wang!
Stop!	หยุด
	yùt!
Be careful!/Go easy!	ระวัง/ไม่ต้องรีบ
	ra-wang/mâi tâwng rîip
Get your hands off me!	ปล่อยผม/ดิฉัน
	plàwi phǒm/dichán!
Let go!	ปล่อยนะ
	plàwi ná!
Stop thief!	ขโมย ขโมย
	khamoi khamoi!
Could you help me, please?	ช่วยผม/ดิฉันหน่อยได้ไหมครับ/คะ
	chûai phǒm/dichán nàwi dâi mái khráp/khá
Where's the police station/emergency exit/fire escape?	สถานีตำรวจ/ทางออกฉุกเฉิน/บันไดหนีไฟอยู่ที่ไหน
	sathǎanii tamrùat/thaang àwk chùk chǒehn/bandai nǐi fai yùu thîi nǎi
Where's the nearest fire extinguisher?	ที่ดับไฟใกล้ที่สุดอยู่ที่ไหน
	thîi dàp fai klâi thîisùt yùu thîi nǎi
Call the fire department!	เรียกหน่วยดับเพลิง
	nak nùai dàp phloehng
Call the police!	เรียกตำรวจ
	nak tamrùat!
Call an ambulance!	เรียกรถพยาบาล
	nak rót phayaabaan
Where's the nearest phone?	โทรศัพท์ใกล้ที่สุดอยู่ที่ไหน
	thohrasàp klâi thîisùt yùu thîi nǎi
Could I use your phone?	ขอใช้โทรศัพท์คุณได้ไหมครับ/คะ
	khǎw chái thohrasàp khun dâi mái khráp/khá
What's the emergency number?	เบอร์แจ้งเหตุฉุกเฉินเบอร์อะไร
	boeh câehng hèht chùk chǒehn boeh arai
What's the number for the police?	เบอร์ตำรวจเบอร์อะไร
	boeh tamrùat boeh arai

14.2 Loss

I've lost my wallet/purse	ผม/ดิฉันทำกระเป๋าสตางค์หาย
	phǒm/dichán tham krapǎo sataang hǎi
I lost my...here yesterday	ผม/ดิฉันทำ...หายที่นี่เมื่อวานนี้
	phǒm/dichán tham...hǎi thîi nîi mûeawaan níi

In trouble

14

I left my...here	ผม/ดิฉันลืม...ไว้ที่นี่
	phǒm/dichán luehm...wái thîi nîi
Did you find my...?	คุณเห็น...ผม/ดิฉันไหม
	khun hěn...phǒm/dichán mái
It was right here	อยู่ตรงนี้
	yùu trong nîi
It's very valuable	มีค่ามาก
	mii khâa mâak
Where's the lost and found office?	แผนกแจ้งของหายอยู่ที่ไหน
	phanàehk câehng khǎwng hǎi yùu thîi nǎi

14.3 Accidents

There's been an accident	เกิดอุบัติเหตุ
	kòeht ùbatìhèht
Someone's fallen into the water	มีคนตกน้ำ
	mii khon tòk náam
There's a fire	ไฟไหม้
	mii fai mâi
Is anyone hurt?	มีใครบาดเจ็บไหม
	mii khrai bàat cèp mái
[No]/someone has been injured	[ไม่] มีใครบาดเจ็บ
	[mâi] mii khrai bàat cèp
Someone's still trapped inside the car/train	ยังมีคนติดอยู่ในรถ/รถไฟ
	yang mii khon tìt yùu nai *rót/rót fai*
It's not too bad/ much hurt	ไม่เลว
	mâi mâak/cèp thâorai
Don't worry	ไม่ต้องห่วง
	mâi tâwng hùang
Leave everything the way it is, please	กรุณาปล่อยไว้อย่างนั้น
	karunaa plàwi wái yàang nán
I want to talk to the police first	ผม/ดิฉันอยากพูดกับตำรวจก่อน
	phǒm/dichán yàak phûut kàp tamrùat kàwn
I want to take a photo first	ผม/ดิฉันอยากถ่ายรูปก่อน
	phǒm/dichán yàak thài rûup kàwn
Here's my name and address	นี่ชื่อกับที่อยู่ของผม/ดิฉัน
	nîi chûeh kàp thîi yùu khǎwng phǒm/dichán
May I have your name and address?	ขอชื่อกับที่อยู่ของคุณหน่อยครับ/ค่ะ
	khǎw chûeh kàp thîi yùu khǎwng khun nàwi khráp/khá
Could I see your identity card/ your insurance papers?	ขอดู บัตรประจำตัว/ใบประกัน ของคุณได้ไหมครับ/คะ
	khǎw *duu bàt pracam tua/bai prakan* khǎwng khun dâi mái khráp/khá
Will you act as a witness?	คุณจะเป็นพยานไหม
	khun ca pen phayaan mái
I need this information for insurance purposes	ผม/ดิฉันต้องการข้อมูลนี้เพื่อประกันของผม/ดิฉัน
	phǒm/dichán tâwngkaan khâwmuun níi phûea prakan khǎwng phǒm/dichán
Are you insured?	คุณมีประกันหรือเปล่า
	khun mii prakan rúe plào
Third party or all inclusive?	บุคคลที่สามหรือรวมหมด
	bukkhon thîi sǎam rǔeh ruam mòt
Could you sign here, please?	เซ็นชื่อที่นี่ครับ/ค่ะ
	sen chûeh thîi nîi khráp/khâ

14.4 Theft

I've been robbed	ผม/ดิฉันถูกปล้น
	phŏm/dichán thùuk plôn
My...has been stolen	...ของผม/ดิฉันถูกขโมย
	...khăwng phŏm/dichán thùuk khamoi
My car's been broken into	รถผม/ดิฉันถูกงัด
	rót phŏm/dichán thùuk ngát

14.5 Missing person

I've lost my child/ grandmother	ลูก/ยาย ของผม/ดิฉันหาย
	lûuk/khun yai khăwng phŏm/dichán hăi
Could you help me find him/her?	ช่วยหาหน่อยได้ไหมครับ/คะ
	chûai hăa nàwi dâi mái khráp/khá
Have you seen a small child?	คุณเห็นเด็กเล็ก ๆไหม
	khun hĕn dèk lék lék mái
He's/she's...years old	อายุ...ขวบ (ปี)
	aayú...khùap (pii)
He's/she's got... hair	ผมสี...
	phŏm sĭi...
short/long	สั้น/ยาว
	sân/yao
blond/red/brown/black/ gray	สี ทอง/แดง/น้ำตาล/ดำ/เทา
	sĭi thawng/daehng/námtaan/dam/thao
curly/ straight/frizzy	เป็นลอน/ตรง/หยิก
	pen lawn/trong/yìk
...in a ponytail	หางม้า
	hăang máa
...in braids	ถักเปีย
	thàk pia
...in a bun	เกล้ามวย
	klâo muai
He's/she's got blue/brown/green eyes	เขาตาสี ฟ้า/น้ำตาล/เขียว
	kháo taa sĭi fáa/námtaan/khĭao
He's/she's wearing...	เขาใส่...
	kháo sài...
swimming trunks/ hiking boots	ชุดอาบน้ำ/รองเท้าบู๊ทเดินทาง
	chút àap náam/rawng tháo búut doehn thaang
with/without glasses	ใส่/ไม่ใส่ แว่นตา
	sài/mâi sài wâen taa
carrying/not carrying a bag	หิ้ว/ไม่หิ้ว ถุง
	hîu/mâi hîu thŭng
He/She is tall/short	เขา สูง/เตี้ย
	kháo sŭung/tîa
This is a photo of him/her	นี่รูปเขา
	nîi rûup kháo
He/she must be lost	เขาคงหลงทาง
	kháo khong lŏng thaang

In trouble

14

14.6 The police

An arrest

ขอดูใบขับขี่ครับ/ค่ะ	Your (vehicle) documents, please
ขอดูใบขับขี่ครับ/ค่ะ	Your driving license, please
คุณขับเร็วเกินอัตรา	You were speeding
คุณจอดที่นี่ไม่ได้	You're not allowed to park here
คุณไม่ได้หยอดมิเตอร์	You haven't put money in the 'Pay and display'/parking meter
ไฟรถคุณเสีย	Your lights aren't working
ถูกปรับ ... บาท	That's a ... baht fine
คุณจะจ่ายเลยหรือเปล่า	Do you want to pay now?
คุณต้องจ่ายเดี๋ยวนี้	You'll have to pay now

I don't speak Thai — ผม/ดิฉันพูดไทยไม่ได้
phŏm/dichán phûut thai mâi dâi
I didn't see the sign — ผม/ดิฉันไม่เห็นป้าย (สัญญาณ)
phŏm/dichán mâi hĕn pâi (sănyaan)
I don't understand what it says — ผม/ดิฉันไม่เข้าใจว่าบอกว่าอะไร
phŏm/dichán mâi khâo cai wâa bàwk wâa arai
I was only doing... kilometers an hour — ผม/ดิฉันขับแค่...กิโลต่อชั่วโมง
phŏm/dichán khàp khâeh...kiloh tàw chûamohng
I'll have my car checked — ผม/ดิฉันจะเอารถไปตรวจ
phŏm/dichán ca ao rót pai trùat
I was blinded by oncoming lights — ผม/ดิฉันมองไม่เห็นเพราะไฟรถสวนมามันจ้ามาก
phŏm/dichán mawng mâi hĕn phráw fai rót sŭan maa man câa mâak

เหตุเกิดที่ไหน	Where did it happen?
อะไรหายบ้าง	What's missing?
เอาอะไรไปบ้าง	What's been taken?
ขอดูบัตรประจำตัวคุณหน่อย	Could I see your identity card/some identification?
เหตุเกิดตอนไหน	What time did it happen?
มีพยานไหม	Are there any witnesses?
เซ็นชื่อที่นี่ครับ/ค่ะ	Sign here, please
ต้องการล่ามไหม	Do you want an interpreter?

At the police station

I want to report a collision/missing person/rape — ผม/ดิฉันต้องการแจ้งความ รถชนกัน/คนหาย/ข่มขืน
phŏm/dichán tâwngkaan caehng khwaam rót chon kan/khon hăi/khòm khŭehn
Could you make a statement, please? — ช่วยให้การหน่อยครับ/ค่ะ
chûai hâi kaan nàwi khráp/khâ

In trouble

Could I have a copy for the insurance?	ขอสำเนาหนึ่งฉบับสำหรับประกันนะครับ/คะ
	khǎw sǎmnao nùeng chabàp sǎmràp prakan ná khráp/khá
I've lost everything	ของของผม/ดิฉันหายหมด
	khǎwng khǎwng phǒm/dichán hǎi mòt
I've no money left, I'm desperate	ผม/ดิฉันไม่มีเงินเหลือเลย แย่จริงๆ
	phǒm/dichán mâi mii ngoen lǔea loei, yâeh cing cing
Could you lend me a little money?	ขอยืมตังหน่อยได้ไหม
	khǎw yuehm tang nàwi dâi mái
I'd like an interpreter	ผม/ดิฉันต้องการล่าม
	phǒm/dichán tâwngkaan lâam
I'm innocent	ผม/ดิฉันบริสุทธิ์
	phǒm/dichán bawrísùt
I don't know anything about it	ผม/ดิฉันไม่รู้เรื่องอะไรเลย
	phǒm/dichán mâi rúu rûeang arai loei
I want to speak to someone from the Australian embassy	ผม/ดิฉันต้องการติดต่อสถานทูตออสเตรเลีย
	phǒm/dichán tâwngkaan tìt tàw sathǎan thûut áwt(sa)trehlia
I want a lawyer who speaks...	ผม/ดิฉันต้องการทนายความที่พูดภาษา...
	phǒm/dichán tâwngkaan thanaikhwaam thîi phûut phaasǎa...

In trouble

14

15

Word list

Word list: English–Thai

A

about	kìao kàp	เกี่ยวกับ
above	nŭea	เหนือ
abroad	tàang prathêht	ต่างประเทศ
accident	ubatìhèht	อุบัติเหตุ
adaptor	tua plaehng fai fáa	ตัวแปลงไฟฟ้า
address	thîi yùu	ที่อยู่
admission	kaan khǎo chom	การเข้าชม
admission price	khâa phàan pratuu	ค่าผ่านประตู
adult	phûu yàyi	ผู้ใหญ่
advice	kham náe-nam	คำแนะนำ
aeroplane	khrûeang bin	เครื่องบิน
after	lǎng càak	หลังจาก
afternoon	tawn bài	ตอนบ่าย
aftershave	nám yaa lǎng kohn nùat	น้ำยาหลังโกนหนวด
again	ìik	อีก
against	tàw tâan	ต่อต้าน
age	aayú	อายุ
AIDS	rôhk ehd(s)	โรคเอดส์
air conditioning	pràp aakàat	ปรับอากาศ
airmail	còtmǎi aakàat	จดหมายอากาศ
air mattress	thîi nawn lom	ที่นอนลม
airplane	khrûeang bin	เครื่องบิน
airport	sanǎam bin, thâa aakàatsayaan	สนามบิน, ท่าอากาศยาน
alarm	tuean phai	เตือนภัย
alarm clock	naalíkaa plùk	นาฬิกาปลุก
alcohol	aehlkawhawn	แอลกอฮอล์
all day	tháng wan, talàwt wan	ทั้งวัน, ตลอดวัน
all the time	talàwt wehlaa	ตลอดเวลา
allergy	pháe	แพ้
alone	diao	เดี่ยว
altogether	tháng mòt	ทั้งหมด
always	samǒeh	เสมอ
ambulance	rót phayaabaan	รถพยาบาล
America	amehríkaa	อเมริกา
American	khon amehríkan	คนอเมริกัน
amount	camnuan	จำนวน
amusement park	sǔan sanùk	สวนสนุก
anaesthetic (local)	yaa chaa	ยาชา
anaesthetic (general)	yaa salòp	ยาสลบ
angry	kròht	โกรธ
animal	sàt	สัตว์
ankle	khâw tháo	ข้อเท้า
answer	kham tàwp	คำตอบ
ant	mót	มด
antibiotics	yaa patìchiiwaná (kin)	ยาปฏิชีวนะ (กิน)
antifreeze	tua kan mâi hai châeh khǎeng	ตัวกันไม่ให้แช่แข็ง
antique	bohraan	โบราณ
antiques	khǎwng bohraan	ของโบราณ
antiseptic	yaa patìchiiwaná (thaa)	ยาปฏิชีวนะ (ทา)
anus	tùut	ตูด
apartment	apaatmén	อพาร์ตเม้นท์
aperitif	khrûeang dùehm ñak nám yâwi	เครื่องดื่มเรียกน้ำย่อย

Word list

15

apologies	kham khǎw aphai	คำขออภัย
apple	áeppôen	แอปเปิ้ล
apple juice	náam áeppôen	น้ำแอปเปิ้ล
appointment	nát	นัด
April	mehsǎayon	เมษายน
architecture	sathǎapàtayákam	สถาปัตยกรรม
area	khèht, phúehn thîi	เขต, พื้นที่
area code	rahàt phúehn thîi	รหัสพื้นที่
arm	khǎehn	แขน
arrange	càtkaan	จัดการ
arrive	thǔeng	ถึง
arrow	lûuk sǎwn	ลูกศร
art	sǐnlapà	ศิลปะ
art gallery	hâwng sǐnlapà	ห้องศิลป์
artery	sên lûeat daehng	เส้นเลือดแดง
article	bòt khwaam	บทความ
artificial respiration	kaan chûai hâi hǎi cai thaang pàak	การช่วยให้เขาหายใจทางปาก
ashtray	thîi khìa burìi	ที่เขี่ยบุหรี่
ask	thǎam	ถาม
ask for	khǎw	ขอ
aspirin	yaa aehsphairin	ยาแอสไพริน
assault	tham rái râang kai	ทำร้ายร่างกาย
assorted	chanít tàang tàang	ชนิดต่าง ๆ
at home	thîi bâan	ที่บ้าน
at night	klaang khuehn	กลางคืน
at the back	khâng lǎng	ข้างหลัง
at the front	khâng nâa	ข้างหน้า
at the latest	lâa sùt	ล่าสุด
aubergine	makhǔea yao	มะเขือยาว
August	sǐnghǎakhom	สิงหาคม
Australia	áws(a)trehlia	ออสเตรเลีย
Australian	khon áws(a)trehlia	คนออสเตรเลีย
automatic	attànohmát	อัตโนมัติ
autumn	rúeduu bai mái rûang	ฤดูใบไม้ร่วง
awake	tùehn	ตื่น
awning	kansàat	กันสาด

B

baby	thaarók	ทารก
baby food	aahǎan dèk àwn	อาหารเด็กอ่อน
babysitter	khon líang dèk	คนเลี้ยงเด็ก
back (rear)	khâng lǎng	ข้างหลัง
back (part of body)	lǎng	หลัง
backpack	krapǎo saphai lǎng	กระเป๋าสะพายหลัง
backpacker	báekpháck-khôeh	แบ็คแพ็คเคอร์
bad (rotting)	sǐa	เสีย
bad (terrible)	yâeh	แย่
bag	thǔng, krapǎo	ถุง, กระเป๋า
baker	khon khǎi khanǒm pang	คนขายขนมปัง
balcony	rabiang	ระเบียง
ball	lûuk bawn	ลูกบอลล์
ballpoint pen	pàakkaa mùek hâehng	ปากกาหมึกแห้ง
banana	klûai	กล้วย
bandage	phâa phan phlǎeh	ผ้าพันแผล
bandaids	thîi pìt phlǎeh, baehndèt	ที่ปิดแผล, แบนเดต
bangs, fringes	rabai, khrui	ระบาย, ครุย
bank (finance)	thanaakhaan	ธนาคาร
bank (river)	fàng	ฝั่ง
bar (café)	baa	บาร์
barbecue	baabìkhiu	บาร์บิคิว

Word list

15

basketball	baasakèhtbawn	บาสเก็ตบอลล์
bath	àap náam	อาบน้ำ
bathmat	thîi chét tháo	ที่เช็ดเท้า
bathrobe	phâa khlum àap náam	ผ้าคลุมอาบน้ำ
bathroom	hâwng náam	ห้องน้ำ
bath towel	phâa chét tua	ผ้าเช็ดตัว
battery	baettoehrîi, thàan fai chǎi	แบ็ตเตอรี่, ถ่านไฟฉาย
beach	chai hàat	ชายหาด
beans	thùa	ถั่ว
beautiful	sǔai	สวย
bed	tiang	เตียง
bedding	khrûeang nawn	เครื่องนอน
bee	phûeng	ผึ้ง
beef	núea wua	เนื้อวัว
beer	bia	เบียร์
begin	rôehm	เริ่ม
behind	khâng lǎng	ข้างหลัง
belt	khěm khàt	เข็มขัด
berth	thîi nawn (bon ruea rǔeh rót fai)	ที่นอน (บนเรือหรือรถไฟ)
better (to get)	dii khûen	ดีขึ้น
bicycle	rót càkrayaan	รถจักรยาน
bikini	chút wâi náam	ชุดว่ายน้ำ
bill	bin	บิล
billiards	bilĺiat	บิลเลียดส์
birthday	wan kòeht	วันเกิด
biscuit	biskît	บิสกิต
bite	kàt	กัด
bitter	khǒm	ขม
black	dam	ดำ
black and white	khǎo dam	ขาวดำ
black eye	taa dam	ตาดำ
bland (taste)	cùeht	จืด
blanket	phâa hòm	ผ้าห่ม
bleach	fàa fǔehn	ฝ้าฝืน
bleed	lûeat àwk	เลือดออก
blind (on window)	thîi kan dàeht	ที่กันแดด
blind (can't see)	taa bàwt	ตาบอด
blister	mét phú phawng	เม็ดพุพอง
blond	phǒm thawng	ผมทอง
blood	lûeat	เลือด
blood pressure	khwaam dan lohhìt	ความดันโลหิต
bloody nose	lûeat kamdao àwk	เลือดกำเดาออก
blouse	sûea (phûu yǐng)	เสื้อ (ผู้หญิง)
blue	sǐi fáa	สีฟ้า
boat	ruea	เรือ
body	tua râang kai	ตัว ร่างกาย
boiled	tôm	ต้ม
bone	kradùuk	กระดูก
book	nǎngsǔeh	หนังสือ
booked, reserved	cohng wái	จองไว้
booking office	thîi cawng tǔa	ที่จองตั๋ว
bookshop	ráan nǎngsǔeh	ร้านหนังสือ
border	chai daehn	ชายแดน
bored	bùea	เบื่อ
boring	nâa bùea	น่าเบื่อ
born	kòeht	เกิด
borrow	yuehm	ยืม
botanic gardens	sǔan phrúekachâat	สวนพฤกษชาติ
both	tháng khûu	ทั้งคู่
bottle	khùat	ขวด
bottle (wine)	khùat wai(n)	ขวดไวน์

Word list

15

bottle (baby's)	khùat nom	ขวดนม
bottle-warmer	thîi ùn khùat nom	ที่อุ่นขวดนม
box	klàwng	กล่อง
box office	thîi khǎi tǔa	ที่ขายตั๋ว
boy	dèk chai	เด็กชาย
boyfriend	phûean chai	เพื่อนชาย
bra	sûea chán nai	เสื้อชั้นใน
bracelet	sâwi khâw mueh	สร้อยข้อมือ
braised	thaa	ทา
brake	yùt brèhk	หยุด เบรค
brake oil	námman brèhk	น้ำมันเบรค
bread	khanǒm pang	ขนมปัง
break	phák	พัก
breakfast	aahǎan cháo	อาหารเช้า
breast	nâa òk	หน้าอก
breast milk	nom mâeh	นมแม่
bridge	saphaan	สะพาน
briefs	kaangkheng nai	กางเกงใน
bring	ao maa, nam maa	เอามา, นำมา
brochure	phàen pháp	แผ่นพับ
broken	phang, tàehk	พัง, แตก
bronze	thawng sǎmrít	ทองสัมฤทธิ์
broth	namsúp	น้ำซุป
brother (elder)	phîi chai	พี่ชาย
brother (younger)	náwng chai	น้องชาย
brown	nám taan	น้ำตาล
bruise	rawi chám	รอยช้ำ
brush	praehng	แปรง
bucket	thǎng	ถัง
buffet	búffèh	บุฟเฟ่ต์
bugs	malaehng	แมลง
building	tùek	ตึก
bun	khanǒm pang kâwn	ขนมปังก้อน
burglary	kaan khamoi	การขโมย
burn (injury)	phlǎeh mâi	แผลไหม้
burn (verb)	mâi	ไหม้
burnt	rawi mâi	รอยไหม้
bus	rót meh	รถเมล์
bus station	chum sǎi rót meh	ชุมสายรถเมล์
bus stop	pâi rót meh	ป้ายรถเมล์
business card	naam bàt	นามบัตร
business class	chán nák thurákìt	ชั้นนักธุรกิจ
business trip	doehn thaang pai thurákìt	เดินทางไปธุรกิจ
busy (schedule)	yûng	ยุ่ง
busy (traffic)	tìt khàt	ติดขัด
butane	káeht buuthehn	แก๊สบูเทน
butcher	khon khǎi núea	คนขายเนื้อ
butter	noei	เนย
button	kradum	กระดุม
by airmail	thaang aakàat	ทางอากาศ
by phone	thaang thohrásàp	ทางโทรศัพท์

C

cabbage	kalàmphlii	กะหล่ำปลี
cabin	hâwng	ห้อง
cake	khanǒm khéhk	ขนมเค้ก
call (phonecall)	thohrásàp	โทรศัพท์
call (to phone)	thohrásàp, thoh	โทรศัพท์, โทร.
called	ñak	เรียก
camera	klâwng	กล้อง
camping	pa khǎi	ไปค่าย
can opener	thîi pòeht khùat	ที่เปิดขวด

cancel	yók lôehk	ยกเลิก
candle	thian	เทียน
candy	lûuk kwàat, tháwffii	ลูกกวาด, ท็อฟฟี่
car	rót	รถ
cardigan	sûea năo	เสื้อหนาว
car documents	khûumueh rót	คู่มือรถ
careful	ra-wang	ระวัง
carpet	phrom	พรม
carriage	tûu rót fai	ตู้รถไฟ
carrot	khaehràwt	แครอท
car seat (child's)	thîi nâng dèk	ที่นั่งเด็ก
cartridge	talàp	ตลับ
car trouble	rót sĭa	รถเสีย
cash	ngoen sòt	เงินสด
cash card	bàt ngoen sòt	บัตรเงินสด
cash desk	thîi cài ngoen	ที่จ่ายเงิน
cash machine	thîi khít ngoen	ที่คิดเงิน
casino	bàwn kaan phanan	บ่อนการพนัน
cassette	théhp kháasèt	เทปคาสเซ็ท
cat	maeo	แมว
catalog	kháettaalàwk	แค็ตตาล็อก
cauliflower	dàwk kalàm	ดอกกะหล่ำ
cause	săahèht	สาเหตุ
cave	thâm	ถ้ำ
CD	sii dii	ซีดี
CD-ROM	sii dii rawm	ซีดีรอม
celebrate	chalăwng	ฉลอง
cemetery	thîi făng sòp	ที่ฝังศพ
centimetre	sentìméht	เซ็นติเมตร
central heating	khrûeang tham khwaam ráwn klaang	เครื่องทำความร้อนกลาง
central locking	sentrân láwkkhîng klaang	เซ็นทรัลล็อคคิ้ง
centre (middle)	klaang	กลาง
centre (of city)	sŭun klaang	ศูนย์กลาง
certificate	prakàatsaniiyábàt	ประกาศนียบัตร
chair	kâo-îi	เก้าอี้
chambermaid	khon tham khwaam sà-àat	คนทำความสะอาด
champagne	chaehmpehn	แชมเปญ
change, swap	plìan	เปลี่ยน
change (money)	ngoen thawn	เงินทอน
change (trains)	tàw rót fai	ต่อรถไฟ
change the baby's diaper	plìan paéom	เปลี่ยนผ้าอ้อม
change the oil	plìan námman khrûeang	เปลี่ยนน้ำมันเครื่อง
charter flight	thîao bin phísèht	เที่ยวบินพิเศษ
chat	khui	คุย
checked luggage	krapăo thîi trùat láeo	กระเป๋าที่ตรวจแล้ว
check, bill	bin	บิล
check (verb)	trùat	ตรวจ
check in	chék in	เช็คอิน
check out	chék ao(t)	เช็คเอ้าท์
cheers!	chôhk dii	โชคดี
cheese	noei khăeng	เนยแข็ง
chef	phâw khrua	พ่อครัว
chess	màak rúk	หมากรุก
chewing gum	màak faràng	หมากฝรั่ง
chicken	kài	ไก่
child	dèk	เด็ก
child's seat (in car)	thîi nâng dèk	ที่นั่งเด็ก
chilled (of body)	năo	เย็น
chilled (of foods)	yen	หนาว

Word list

15

127

chin	khaang	คาง
chocolate	cháwkkohláet	ช็อกโกแล็ต
choose	lûeak	เลือก
chopsticks	takìap	ตะเกียบ
church	bòht	โบสถ์
church service	phíthii nai bòht	พิธีในโบสถ์
cigar	burìi siikaa	บุหรี่ซิการ์
cigarette	burìi	บุหรี่
circle	wong klom	วงกลม
circus	lakhawn sàt	ละครสัตว์
citizen	prachaachon	ประชาชน
city	mueang	เมือง
clean	sa-àat	สะอาด
clean (verb)	tham khwaam sa-àat	ทำความสะอาด
clearance (sale)	khǎi lehlǎng	ขายเลหลัง
clock	naalíkaa	นาฬิกา
closed	pìt	ปิด
closed off (road)	pìt thanǒn	ปิดถนน
clothes	sûea phâa	เสื้อผ้า
clothes hanger	thîi khwǎen sûea	ที่แขวนเสื้อ
clothes dryer	thîi òp phâa	ที่อบผ้า
clothing	sûea phâa	เสื้อผ้า
clutch (car)	khlát	คลัช
coat (jacket)	sûea cáekkêt	เสื้อแจ็คเก็ต
coat (overcoat)	sûea nâwk	เสื้อนอก
cockroach	malaehng sàap	แมลงสาบ
cocoa	kohkôh	โกโก้
coffee	kaafaeh	กาแฟ
cold (not hot)	yen	เย็น
cold, flu	wàt	หวัด
collar	pòk sûea	ปกเสื้อ
collarbone	haiplaaráa	ไหปลาร้า
colleague	phûean tham ngaan	เพื่อนทำงาน
collision	kaan chon	การชน
color	sǐi	สี
colored	mii sǐi	มีสี
comb	wǐi	หวี
come	maa	มา
come back	klàp maa	กลับมา
compartment	hâwng	ห้อง
complaint	ráwng thúk	ร้องทุกข์
completely	yàang sǒmbohn	อย่างสมบูรณ์
compliment	kham chom	คำชม
comprising	dâi kàeh	ได้แก่
computer	khawmphiutôeh	คอมพิวเตอร์
concert	khawnsòeht	คอนเสิรต
concert hall	rohng fang khawnsòeht	โรงฟังคอนเสิรต
concierge	khon fâo pratuu	คนเฝ้าประตู
concussion	thùuk krathóp yàang raehng	ถูกกระทบอย่างแรง
condensed milk	nom khôn	นมข้น
condom	thǔng yang anaamai	ถุงยางอนามัย,
confectionery	khanǒm wǎan	ขนมหวาน
congratulations!	khǎw sadaehng khwaam yindii dûai	ขอแสดงความยินดีด้วย
connection (transport)	tàw rót	ต่อรถ
constipation	tháwng phùuk	ท้องผูก
consulate	kongsǔn	กงสุล
consultation (by doctor)	kham prùeksǎa	คำปรึกษา
contact lens	khawntháek len	คอนแท็คเลนส์
contagious	tìt tàw	ติดต่อ
contraceptive	sìng khum kamnòeht	สิ่งคุมกำเนิด
contraceptive pill	yaa khum kamnòeht	ยาคุมกำเนิด

cook (male)	kúk, phâw khrua	กุ๊ก, พ่อครัว
cook (female)	kúk, mâeh khrua	กุ๊ก, แม่ครัว
cook (verb)	tham aahăan	ทำอาหาร
cookie	khúkkîi	คุกกี้
copper	thawng daehng	ทองแดง
copy document	àt sămnao	อัดสำเนา
copy tape	àt théhp	อัดเทป
document copy	sămnao	สำเนา
corkscrew	cùkmáikáwk	จุกไม้ก๊อก
corner	mum	มุม
cornflower	pâehng khâo phôht	แป้งข้าวโพด
correct	thùuk	ถูก
correspond	khĭan còtmăi	เขียนจดหมาย
corridor	thaang doehn nai tùek	ทางเดินในตึก
cosmetics	khrûeang săm-aang	เครื่องสำอางค์
costume	khrûeang tàeng tua	เครื่องแต่งตัว
cot	tiang dèk	เตียงเด็ก
cotton	fâai	ฝ้าย
cotton wool	sămlii	สำลี
cough	kaan ai	การไอ
cough (verb)	ai	ไอ
cough syrup	yaa kâeh ai	ยาแก้ไอ
counter	kháotôeh	เคาน์เตอร์
country (nation)	prathêht	ประเทศ
country (rural area)	chonabòt, bâan nâwk	ชนบท, บ้านนอก
country code	rahàt prathêht	รหัสประเทศ
courgette, zucchini	suukìnii	ซูกินี
course of treatment	rayá wehlaa ráksăa	ระยะเวลารักษา
cousin	lûuk phîi lûuk náwng	ลูกพี่ลูกน้อง
crab	puu	ปู
cracker	khanŏmpang kràwp	ขนมปังกรอบ
cream	khriim	ครีม
credit card	bàt khrehdìt	บัตรเครดิต
crime	àatyaakam	อาชญากรรม
crockery	khrûeang thûai chaam	เครื่องถ้วยชาม
cross (road, river)	khâam	ข้าม
crossroad	sìiyâehk	สี่แยก
crutch	mái yan rák ráeh	ไม้ยันรักแร้
cry	ráwng hâi	ร้องไห้
cubic metre	lûukbàat méht	ลูกบาศก์เมตร
cucumber	taehng kwaa	แตงกวา
cuddly toy	khăwng lên nûm nûm	ของเล่นนุ่ม ๆ
cuff	khâw mueh sûea	ข้อมือเสื้อ
cufflinks	kradum khâw mueh	กระดุมข้อมือ
cup	thûai	ถ้วย
curly	yìk	หยิก
current (electric)	krasăeh fai fáa	กระแสไฟฟ้า
curtains	mâan	ม่าน
cushion	bàw	เบาะ
custom	praphehnii	ประเพณี
customs	sŭnlakaakawn	ศุลกากร
cut (injury)	bàat	บาด
cut (verb)	tàt	ตัด
cutlery	cháwn sâwm	ช้อนส้อม
cycling	khìi cakrayaan	ขี่จักรยาน

D

dairy products	phalìtaphan nom	ผลิตภัณฑ์นม
damage	khwaam sĭa hăi	ความเสียหาย
dance	tên ram	เต้นรำ
dandruff	khîi rangkhaeh	ขี้รังแค
danger	antarai	อันตราย

Word list

15

dangerous	nâa antarai	น่าอันตราย
dark	mûeht	มืด
date	wan thîi	วันที่
date of birth	wan kòeht	วันเกิด
daughter	lûuk săo	ลูกสาว
day	wan	วัน
day after tomorrow	maruehn níi	มะรืนนี้
day before yesterday	mûea waansuehn	เมื่อวานซืน
dead	tai	ตาย
deaf	hŭu nùak	หูหนวก
decaffeinated	kaafaeh thîi mâi mii khaafeh-in	กาแฟที่ไม่มีคาเฟอีน
December	thanwaakhom	ธันวาคม
declare (customs)	câeng (sŭnlakaakawan)	แจ้ง (ศุลกากร)
deep	lúek	ลึก
deep freeze	châeh khăeng càt	แช่แข็งจัด
deep-sea diving	dam náam thaleh lúek	ดำน้ำทะเลลึก
defecate	thài	ถ่าย
degrees	ongsăa	องศา
delay	lâa cháa	ล่าช้า
delicious	aràwi	อร่อย
dentist	măw fan	หมอฟัน
dentures	fan plawm	ฟันปลอม
deodorant	yaa rangáp klìn tua	ยาระงับกลิ่นตัว
department store	hâang sapphasĭnkháa	ห้างสรรพสินค้า
departure	kaan àwk	การออก
departure time	wehlaa àwk	เวลาออก
depilatory cream	khriim thăwn khŏn	ครีมถอนขน
deposit (money in a bank)	fàak (ngoen)	ฝาก (เงิน)
deposit (for safekeeping)	fàak khăwng	ฝากของ
desert	thaleh sai	ทะเลทราย
dessert	khăwng wăan	ของหวาน
destination	cùt măi plai thaang	จุดหมายปลายทาง
detergent	phŏng sák fâwk	ผงซักฟอก
develop (photo)	láang rûup	ล้างรูป
diabetic	baw wăan	เบาหวาน
dial	mŭn	หมุน
diamond	phét	เพชร
diaper	phâa âwm	ผ้าอ้อม
diarrhoea	tháwng sĭa	ท้องเสีย
dictionary	phótcanaanúkrom	พจนานุกรม
diesel oil	námman diisên	น้ำมันดีเซล
diet	camkàt aahăan	จำกัดอาหาร
difficulty	khwaam lambàak	ความลำบาก
dining car	rót sabiang	รถเสบียง
dining room	hâwng aahăan	ห้องอาหาร
dinner	aahăan yen	อาหารเย็น
direction	thít thaang	ทิศทาง
direct flight	thîao bin trong	เที่ยวบินตรง
directly	doi trong	โดยตรง
dirty	sòkkapròk	สกปรก
disabled	phíkaan	พิการ
disco	dískôh	ดิสโก้
discount	lót raakhaa	ลดราคา
dish	caan	จาน
dish of the day	aahăan phísèht wan níi	อาหารพิเศษวันนี้
disinfectant	yaa khâa chúea	ยาฆ่าเชื้อ
distance	khwaam klai	ความไกล
distilled water	náam klàn	น้ำกลั่น
disturb	rópkuan	รบกวน

Word list

English	Thai (romanized)	Thai
disturbance	kaan rópkuan	การรบกวน
dive	dam náam	ดำน้ำ
diving	kaan dam náam	การดำน้ำ
diving board	kradaan kradòht	กระดานกระโดด
diving gear	khrûeang dam náam	เครื่องดำน้ำ
divorced	yàa láeho	หย่าแล้ว
dizzy	ngong	งง
do	tham	ทำ
doctor	măw	หมอ
dog	măa	หมา
do-it-yourself store	ráan khăwng tham ehng	ร้านของทำเอง
doll	túkkataa	ตุ๊กตา
domestic	phai nai khrua ruean	ภายในครัวเรือน
done (cooked)	sùk	สุก
do not disturb	yàa rópkuan	อย่ารบกวน
door	pratuu	ประตู
double	sǎwng thâo	สองเท่า
down	long	ลง
drapes	mâan	ม่าน
draught	lom	ลม
dream (verb)	făn	ฝัน
dress	tàeng tua	แต่งตัว
dressing gown	sûea khlum	เสื้อคลุม
dressing table	tó taehng tua	โต๊ะแต่งตัว
drink (refreshment)	khrûeang dùehm	เครื่องดื่ม
drink (alcoholic)	khrûeang dùehm pen lâo	เครื่องดื่มเป็นเหล้า
drink (verb)	dùehm	ดื่ม
drinking water	náam dùehm	น้ำดื่ม
drive	khàp	ขับ
driver	khon khàp	คนขับ
driver's licence	bai khàp khìi	ใบขับขี่
drugstore	ráan khǎi yaa	ร้านขายยา
drunk	mao	เมา
dry	hâehng	แห้ง
dry (verb)	tàak hâi hâehng	ตากให้แห้ง
dry-clean	sák hâehng	ซักแห้ง
drycleaners	ráan sák hâehng	ร้านซักแห้ง
duck	pèt	เป็ด
during	ra-wàang	ระหว่าง
during the day	chûang klaang wan	ช่วงกลางวัน
duty (tax)	phaasǐi	ภาษี
duty-free goods	sǐnkháa plàwt phaasǐi	สินค้าปลอดภาษี
duty-free shop	ráan sǐnkháa plàwt phaasǐi	ร้านสินค้าปลอดภาษี
DVD	dii wii dii	ดีวีดี

E

English	Thai (romanized)	Thai
ear	hǔu	หู
earache	pùat hǔu	ปวดหู
ear drops	yaa yàwt hǔu	ยาหยอดหู
early	tàe nôehn nôehn	แต่เนิ่น ๆ
earrings	tûm hǔu	ตุ้มหู
earth	din	ดิน
Earth	lôhk	โลก
earthenware	khrûeang pân din phǎo	เครื่องปั้นดินเผา
east	ta-wan àwk	ตะวันออก
easy	ngâi	ง่าย
eat	kin	กิน
Eau-de-cologne water	num hom	น้ำหอม
economy class	chán prayàt	ชั้นประหยัด
eczema	rôhk eksamâa	โรคเอ็กซม่า

Word list

15

eel	plaa lǎi	ปลาไหล
egg	khài	ไข่
eggplant	makhǔea mûang	มะเขือม่วง
electric	fai fáa	ไฟฟ้า
electricity	fai fáa	ไฟฟ้า
electronics	ilék thrawník	อิเล็กทรอนิค
elephant	cháang	ช้าง
elevator	líf	ลิฟต์
email	iimeh(l)	อีเมล์
embassy	sathǎan thûut	สถานทูต
embroidery	yép pàk thàk ráwi	เย็บปักถักร้อย
emergency brake	brèhk chùk chǒehn	เบรคฉุกเฉิน
emergency exit	thaang àwk chùk chǒehn	ทางออกฉุกเฉิน
emergency phone	thohrasàp chùk chǒehn	โทรศัพท์ฉุกเฉิน
emery board	tabai lép	ตะไบเล็บ
empty	wâang plào	ว่างเปล่า
engaged (on the phone)	phûut thohrasàp	พูดโทรศัพท์
engaged (to be married)	mân	หมั้น
England	prathêht angkrìt	ประเทศอังกฤษ
English	phaasǎa angrìt	ภาษาอังกฤษ
enjoy	sanùk	สนุก
enquire	sàwp thǎam	สอบถาม
envelope	sawng	ซอง
escalator	bandai lûean	บันไดเลื่อน
escort	phûean duu laeh, éskhàwt	เพื่อนดูแล, เอสคอร์ท
essential	campen	จำเป็น
evening	tawn yen	ตอนเย็น
evening wear	chút klaang khuehn	ชุดกลางคืน
event	hèht kaan	เหตุการณ์
everything	thúk yàang	ทุกอย่าง
everywhere	thúk hàeng	ทุกแห่ง
examine	trùat sàwp	ตรวจสอบ
excavation	kaan khùt càw	การขุดเจาะ
excellent	yâwt yîam	ยอดเยี่ยม
exchange	lâehk plìan	แลกเปลี่ยน
exchange office	thîi lâehk ngoen	ที่แลกเงิน
excursion	thátsanásùeksǎa	ทัศนศึกษา
exhibition	níthátsakaan	นิทรรศการ
exit	thaang àwk	ทางออก
expenses	khâa chái cài	ค่าใช้จ่าย
expensive	phaehng	แพง
explain	athíbai	อธิบาย
express	dùan	ด่วน
external	pai nâwk	ภายนอก
eye	taa	ตา
eye drops	yaa yàwt taa	ยาหยอดตา
eye specialist	mǎw taa	หมอตา

F

fabric	phâa	ผ้า
face	nâa	หน้า
factory	rohng ngaan	โรงงาน
fall (season)	rúeduu bai mái rûang	ฤดูใบไม้ร่วง
fall (verb)	tòk	ตก
family	khrâwp khrua	ครอบครัว
famous	dang	ดัง
fan (admirer)	faehn	แฟน
far away	klai phón	ไกลโพ้น
farm	faam	ฟาร์ม
farmer	chao naa	ชาวนา

fashion	faehchân	แฟชั่น
fast	reo	เร็ว
father	phâw	พ่อ
father-in-law	phâw taa	พ่อตา
fault	khwaam phìt	ความผิด
fax	fáek(s)	แฟกซ์
February	kumphaaphan	กุมภาพันธ์
feel	rúusùek	รู้สึก
feel like	rúusùek mǔean	รู้สึกเหมือน
fence	rúa	รั้ว
ferry	ruea khâam fâak	เรือข้ามฟาก
fever	khâi	ไข้
fiancé, fiancée	khûu mân	คู่หมั้น
fill	toehm	เติม
filling (in food)	tham hâi ìm	ทำให้อิ่ม
filling (dental)	ùt fan	อุดฟัน
fill out (form)	kràwk	กรอก
film (photo)	fiim	ฟิล์ม
film (cinema)	nǎng	หนัง
filter	khrûeang krawng	เครื่องกรอง
filter cigarette	kôn krawng	ก้นกรอง
fine (good)	dii	ดี
fine (money)	khâa pràp	ค่าปรับ
finger	níu	นิ้ว
fire	fai	ไฟ
fire alarm	sǎnyaan fai mâi	สัญญาณไฟไหม้
fire department	sathǎanii dàp phloehng	สถานีดับเพลิง
fire escape	bandai nǐi fai	บันไดหนีไฟ
fire extinguisher	thîi dàp phloehng	ที่ดับเพลิง
first	râehk	แรก
first aid	pathǒm phayaabaan	ปฐมพยาบาล
first class	chán nueng	ชั้นหนึ่ง
fish	plaa	ปลา
fish (verb)	tòk plaa	ตกปลา
fishing rod	khan bèt	คันเบ็ด
fitness club	samohsǎwn àwk kamlang kai	สโมสรออกกำลังกาย
fitness training	kaan fùek àwk kamlang kai	การฝึกออกกำลังกาย
fitting room	hâwng lawng sûea	ห้องลองเสื้อ
fix (puncture)	kâeh	แก้
flag	thong	ธง
flash (camera)	prai tai amp	ไฟถ่ายรูป
flashlight	fai chǎi	ไฟฉาย
flatulence	aakaan tháwng ùeht	อาการท้องอืด
flavor	rót	รส
flavoring	khrûeang prung rót	เครื่องปรุงรส
flea	màt	หมัด
flea market	talàat khǎi khǎwng kào	ตลาดขายของเก่า
flight	thîao bin	เที่ยวบิน
flight number	thîao bin thîi	เที่ยวบินท
flood	náam thûam	น้ำท่วม
floor	phúehn	พื้น
flour	pâehng	แป้ง
flu	khâi wàt yài	ไข้หวัดใหญ่
flush	plèng plàng	เปล่งปลั่ง
fly (insect)	malaehngwan	แมลงวัน
fly (verb)	bin	บิน
fog	màwk	หมอก
foggy	màwk càt	หมอกจัด
folklore	níthaan phúehn bâan	นิทานพื้นบ้าน

Word list

15

follow	taam	ตาม
food (groceries)	kàp khâo	กับข้าว
food (meal)	aahăan	อาหาร
food court	thîi khăi aahăan	ที่ขายอาหาร
food poisoning	aahăan pen phít	อาหารเป็นพิษ
foot	tháo	เท้า
foot brake	chái tháo brèhk	ใช้เท้าเบรค
forbidden	tâwng hâam	ต้องห้าม
forehead	nâa phàak	หน้าผาก
foreign	tàang prathêht	ต่างประเทศ
forget	luehm	ลืม
fork	sâwm	ส้อม
form	rûup bàehp	รูปแบบ
formal dress	chút yài	ชุดใหญ่
forward (letter)	sòng còtmăi	ส่งจดหมาย
fountain	náam phú	น้ำพุ
frame	kràwp rûup	กรอบรูป
free (no charge)	frii	ฟรี
free (unoccupied)	wâang	ว่าง
free time	wehlaa wâang	เวลาว่าง
freeze	châeh khăeng	แช่แข็ง
french fries	man thâwt	มันทอด
fresh	sòt	สด
Friday	wan sùk	วันศุกร์
fried (in pieces)	thâwt	ทอด
friend	phûean	เพื่อน
friendly	pen kan ehng	เป็นกันเอง
frightened	tòk cai	ตกใจ
fringe (hair)	phŏm máa	ผมม้า
frozen	châeh khăeng	แช่แข็ง
fruit	phŏnlamái	ผลไม้
fruit juice	náam phŏnlamái	น้ำผลไม้
frying pan	kàthá	กะทะ
full	tem	เต็ม
fun	sanùk	สนุก
funeral	ngaan sòp	งานศพ

G

gallery	hâwng sadaehng phâap	ห้องแสดงภาพ
game	kehm	เกม
garage (car repair)	ùu sôm rót	อู่ซ่อมรถ
garbage	khayà	ขยะ
garlic	krathiam	กระเทียม
garden	sŭan	สวน
garment	sûea phâa	เสื้อผ้า
gas (for heating)	káet	แก๊ซ
gasoline	námman	น้ำมัน
gas station	pám námman	ปั๊มน้ำมัน
gate	pratuu	ประตู
gear (car)	kia	เกียร์
gem	pétphlawi	เพชรพลอย
gender	phêht	เพศ
get off	long	ลง
get on	khûen	ขึ้น
gift	khăwng khwăn	ของขวัญ
ginger	khĭng	ขิง
girl	dèk phûu yĭng	เด็กผู้หญิง
girlfriend	phûean yĭng, faehn	เพื่อนหญิง, แฟน
given name	chûeh	ชื่อ
glass (material)	kracòk	กระจก
glass (for drinking)	kâeo	แก้ว
glasses, spectacles	wâen taa	แว่นตา

gliding	kaan râwn	การร่อน
glossy (photo)	pen man	เป็นมัน
gloves	thŭng mueh	ถุงมือ
glue	kao	กาว
gnat	rín hèp	ริ้น เห็บ
go	pai	ไป
go back	klàp pai	กลับไป
go out	àwk pai	ออกไป
gold	thawng	ทอง
golf	káwf	กอล์ฟ
golf course	sanăam káwf	สนามกอล์ฟ
good afternoon	sawàt dii	สวัสดี
goodbye	laa kàwn	ลาก่อน
good evening	sawàt dii	สวัสดี
good morning	sawàt dii	สวัสดี
good night	sawàt dii, raatrii sawàt	ราตรีสวัสดิ์
goose	hàan	ห่าน
gram	kram	กรัม
grandchild	lăan	หลาน
granddaughter	lăan săo	หลานสาว
grandfather (paternal)	pùu	ปู่
grandfather (maternal)	taa	ตา
grandmother (paternal)	yâa	ย่า
grandmother (maternal)	yai	ยาย
grandparents	pùu yâa taa yai	ปู่ย่าตายาย
grandson	lăan chai	หลานชาย
grape juice	náam angùn	น้ำองุ่น
grapes	angùn	องุ่น
grave	lŭm sòp	หลุมศพ
graze (injury)	thalàwk	ถลอก
greasy	pûean námman	เปื้อนน้ำมัน
green	khĭao	เขียว
greengrocer	ráan khăi phàk phŏnlamái	ร้านขายผักผลไม้
greeting	kaan thák thai	การทักทาย
grey	sĭi thao	สีเทา
grey-haired	phŏm khăo	ผมขาว
grilled	pîng	ปิ้ง
grocer	khon khăi khăwng cham	คนขายของชำ
groceries	kàp khâo	กับข้าว
ground up	càak tôn	จากต้น
group	klùm	กลุ่ม
guest house	ruean ráp rawng	เรือนรับรอง
guide (book)	khûu mueh	คู่มือ
guide (person)	kái, mákkhúthêht	ไกด์, มัคคุเทศก์
guided tour	thátsanaacawn thîi mii kái	ทัศนาจรที่มีไกด์
guilty	khwaam phìt	ความผิด
gym	rohng yim	โรงยิม
gynecologist	satìphâeht	สูตินแพทย์

H

hair	phŏm	ผม
hairbrush	praehng	แปรง
haircut	tàt phŏm	ตัดผม
hairdresser	châang tàt phŏm	ช่างทำผม
hairdryer	thîi pào phŏm	ที่เป่าผม
hairspray	sapreh chìit phŏm	สเปรย์ฉีดผม
hairstyle	song phŏm	ทรงผม
half	khrûeng	ครึ่ง
half full	khrûeng	ครึ่ง

English	Thai (romanized)	Thai
hammer	kháwn	ม้อน
hand	mueh	มือ
handbag	krapǎo thǔeh	กระเป๋าถือ
hand brake	brèhk mueh	เบรคมือ
handkerchief	phâa chét nâa	ผ้าเช็ดหน้า
hand luggage	krapǎo hîu	กระเป๋าหิ้ว
handmade	tham dûai mueh	ทำด้วยมือ
hand towel	phâa chét mueh	ผ้าเช็ดมือ
happy	mii khwaam sùk	มีความสุข
harbor	thâa ruea	ท่าเรือ
hard (firm)	khǎeng	แข็ง
hard (difficult)	yâak	ยาก
hardware store	ráan khǎi khrûeang kàw sâang	ร้านขายเครื่องก่อสร้าง
hat	mùak	หมวก
hay fever	pháe aakàat	แพ้อากาศ
head	hǔa	หัว
headache	puàt hǔa	ปวดหัว
headlights	fai nâa	ไฟหน้า
health food shop	ráan khǎi aahǎan phûea sùkhàphâap	ร้านขายอาหารเพื่อสุขภาพ
healthy	sǒmbuun, sùkkhàphâap dii	สมบูรณ์, สุขภาพดี
hear	dâi-yin	ได้ยิน
hearing aid	khrûeang chûai fang	เครื่องช่วยฟัง
heart	hǔa cai	หัวใจ
heart attack	hǔa cai wai	หัวใจวาย
heat	khwaam ráwn	ความร้อน
heater	khrûeang tham khwaam ráwn	เครื่องทำความร้อน
heavy	nàk	หนัก
heel (of foot)	sôn tháo	ส้นเท้า
heel (of shoe)	sôn rawng tháo	ส้นรองเท้า
hello	hal-lǒh	ฮัลโลว์
help!	chûai dûai!	ช่วยด้วย!
help	chûai	ช่วย
helping (food)	sòehf	เสริฟ
hem	takhèp	ตะเข็บ
herbal tea	chaa samǔn phrai	ชาสมุนไพร
herbs	samǔn phrai	สมุนไพร
here	thîi nîi	ที่นี่
high	sǔung	สูง
high chair	kâo-ɨi dèk	เก้าอี้เด็ก
high tide	náam khûen sùt	น้ำขึ้นสุด
highway	thaang lǔang	ทางหลวง
hiking	kaan doehn pàa	การเดินป่า
hiking boots	rawng tháo doehn pàa	รองเท้าเดินป่า
hip	saphôok	สะโพก
hire	châo	เช่า
hitchhike	bòhk rót	โบกรถ
hobby	ngaan adirèhk	งานอดิเรก
holdup	plôn, ĉii	ปล้น, จี้
holiday (vacation)	phák ráwn	พักร้อน
holiday (festival)	wan yùt thêhtsakaan	วันหยุดเทศกาล
holiday (public)	wan yùt râatchakaan	วันหยุดราชการ
homesick	khít thǔeng bâan	คิดถึงบ้าน
honest	sùcarìt, sûehsàt	สุจริต, ซื่อสัตย์
honey	nám phûeng	น้ำผึ้ง
horizontal	naeo râap	แนวราบ
horrible	nâa klìat mâak, yâeh mâak	น่าเกลียดมาก, แย่มาก
horse	máa	ม้า
hospital	rohng phayaabaan	โรงพยาบาล

English	Thai (romanized)	Thai
hospitality	kaan ráp rawng	การรับรอง
hot (warm)	ráwn	ร้อน
hot (sharp, spicy)	phèt	เผ็ด
hot spring	nám phú ráwn	น้ำพุร้อน
hot-water bottle	krapǎo nám ráwn	กระเป๋าน้ำร้อน
hotel	rohngraehm	โรงแรม
hour	chûamohng	ชั่วโมง
house	bâan	บ้าน
houses of parliament	ráthàsaphaa	รัฐสภา
how?	yàangrai, yang-ngai	อย่างไร, ยังไง
how far?	klai thâorai	ไกลเท่าไร
how long (time)?	naan thâorai	นานเท่าไร
how many?	thâorai, kìi an	เท่าไร, กี่อัน
how much?	thâorai	เท่าไร
hundred grams	rá́wi kram	ร้อยกรัม
hungry	hǐu	หิว
hurry	rîip	รีบ
husband	sǎamii	สามี
hut	krathâwm	กระท่อม

I

English	Thai (romanized)	Thai
ice cream	aiskhriim, aitiim	ไอศครีม
ice cubes	nám khǎeng kâwn	น้ำแข็งก้อน
iced	yen	เย็น
ice-skating	sakét nám khǎeng	สเก็ตน้ำแข็ง
idea	khwaam khít	ความคิด
identification (card)	bàt pracam tua	บัตรประจำตัว
identify	rabù	ระบุ
ignition key	kuncaeh tìt khrûeang	กุญแจติดเครื่อง
ill	pùai	ป่วย
illness	khwaam cèp pùai	ความเจ็บป่วย
imagine	núek, wâat phâap	นึก, วาดภาพ
immediately	than thii	ทันที
important	sǎmkhan	สำคัญ
import duty	phaasǐi khǎa khâo	ภาษีขาเข้า
impossible	pen pai mâi dâai	เป็นไปไม่ได้
improve	pràp prung	ปรับปรุง
in	nai	ใน
indigestion	kaan mâi yâwi	การไม่ย่อย
in-laws (female)	sàphái	สะไภ้
in-laws (male)	khǒei	เขย
Internet café	intoehnèt khaafêh	อินเตอร์เน็ตคาเฟ่
in the evening	tawn yen	ตอนเย็น
in the morning	tawn cháo	ตอนเช้า
included	ruam yùu	รวมอยู่
including	ruam	รวม
indicate	bòng chíi	บ่งชี้
indicator (car)	khěm chíi	เข็มชี้
inexpensive	mâi phaehng	ไม่แพง
infection	kaan tìt chûea	การติดเชื้อ
infectious	tìt chûea	ติดเชื้อ
inflammation	wai fai	ไวไฟ
information	khâwmuun, khào sǎan	ข้อมูล, ข่าวสาร
information office	sǎmnák ngaan hâi khâwmuun	สำนักงานให้ข้อมูล
injection	kaan chìit yaa	การฉีดยา
injured	bàat cèp	บาดเจ็บ
inner tube	thâw nai	ท่อใน
innocent	bawrísùt	บริสุทธิ์
insect	malaehng	แมลง
insect bite	malaehng kàt	แมลงกัด
insect repellant	yaa kan malaehng	ยากันแมลง
inside	khâng nai	ข้างใน

Word list

15

instructions	kham náe-nam	คำแนะนำ
insurance	kaan prakan	การประกัน
intermission	phák khrûeng wehlaa	พักครึ่งเวลา
internal	phai nai	ภายใน
international	tàang prathêht	ต่างประเทศ
interpreter	lâam	ล่าม
intersection	sìi yâehk	สี่แยก
introduce oneself	náe-nam tua ehng	แนะนำตัวเอง
invite	choehn	เชิญ
invoice	bai ñak kèp ngoen	ใบเรียกเก็บเงิน
iodine	ai-ohdiin	ไอโอดีน
Ireland	prathêht ailaehn	ประเทศไอร์แลนด์
iron (metal)	lèk	เหล็ก
iron (for clothes)	tao ñit	เตารีด
iron (verb)	ñit	รีด
ironing board	thîi ñit phâa	ที่รีดผ้า
island	kàw	เกาะ
itch	khan	คัน

J

jack (for car)	mâe raehng	แม่แรง
jacket	cáekkêt	แจ๊คเก็ต
jackfruit	khanŭn	ขนุน
jam	yaehm	แยม
January	mókkaraakhom	มกราคม
jaw	kraam	กราม
jeans	kaangkehng yiin	กางเกงยีนส์
jellyfish	maengkàphrun	แมงกะพรุน
jeweler	châang tham phét	ช่างทำเพชร
jewelery	phét phlawi	เพชรพลอย
job	ngaan	งาน
jog	wîng áwk kamlang	วิ่งออกกำลัง
joke	talòk	ตลก
journey	kaan doehn thaang	การเดินทาง
juice	nám phŏnlamái	น้ำผลไม้
July	karákadaakhom	กรกฎาคม
June	míthùnaayon	มิถุนายน

K

kerosene	námman káat	น้ำมันก๊าด
key	kuncaeh	กุญแจ
kidney	tai	ไต
kilogram	kilohkram	กิโลกรัม
king	phrá-mahăa-kasàt	พระมหากษัตริย์
kiss	cùup	จูบ
kiss (verb)	cùup	จูบ
kitchen	khrua	ครัว
knee	khào	เข่า
knife	mîit	มีด
knit	thàk nítting	ถักนิตติ้ง
know	rúu	รู้

L

lace (fabric)	lûuk mái	ลูกไม้
laces (for shoes)	chûeak phùuk rawng tháo	เชือกผูกรองเท้า
ladder	bandai	บันได
lake	thaleh sàap	ทะเลสาบ
lamb (mutton)	núea kàe	เนื้อแกะ
lamp	takiang	ตะเกียง
land (ground)	phúehn din	พื้นดิน
land (verb)	long	ลง
lane (of traffic)	lehn	เลน

language	phaasăa	ภาษา
large	yài	ใหญ่
last (final)	sùt thái	สุดท้าย
last (endure)	yùu dâi naan	อยู่ได้นาน
last night	mûea khuehn níi	เมื่อคืนนี้
last week	aathít thîi láeo	อาทิตย์ที่แล้ว
late	săi	สาย
later	thii lăng	ทีหลัง
laugh	hŭaráw	หัวเราะ
launderette	ráan sák rîit	ร้านซักรีด
laundry soap	nám yaa sák phâa	น้ำยาซักผ้า
law	kòtmăi	กฎหมาย
lawyer	thanai khwaam	ทนายความ
laxative	yaa thài	ยาถ่าย
leak	rûa	รั่ว
leather	năng	หนัง
leather goods	sĭnkháa năng	สินค้าหนัง
leave	àwk càak	ออกจาก
left (direction)	sái	ซ้าย
left behind	thíng wái	ทิ้งไว้
leg	khăa	ขา
leisure	wehlaa wâang	เวลาว่าง
lemon	manao	มะนาว
lend	hâi yuehm	ให้ยืม
lens (camera)	len	เลนส์
less	náwi kwàa	น้อยกว่า
lesson	bòt rian	บทเรียน
letter	còtmăi	จดหมาย
lettuce	phàkkàat kâeho	ผักกาดแก้ว
level crossing	thaang khâam rótfai	ทางข้าม
library	hâwng samùt	ห้องสมุด
license	bai anúyâat	ใบอนุญาต
lie (not tell the truth)	phûut thét	พูดเท็จ
lie (falsehood)	kohhòk	โกหก
lie down	nawn long	นอนลง
lift (elevator)	líf	ลิฟต์
light (lamp)	fai	ไฟ
light (not dark)	sawàang	สว่าง
light (not heavy)	bao	เบา
light bulb	làwt fai	หลอดไฟ
lighter	fai cháek	ที่จุดบุหรี่
lightning	fáa phàa	ฟ้าผ่า
like (verb)	châwp	ชอบ
line	sên	เส้น
linen	linin	ลินิน
lining	sáp nai	ซับใน
liquor store	ráan lâo	ร้านเหล้า
liqueur	lâo	เหล้า
listen	fang	ฟัง
litre	lít	ลิตร
literature	wannákhadii	วรรณคดี
little (small)	lék	เล็ก
little (amount)	náwi	น้อย
live (alive)	mii chiiwít	มีชีวิต
live (verb)	yùu	อยู่
liver	tàp	ตับ
lobster	kûng yài	กุ้งใหญ่
local	tháwng thìn	ท้องถิ่น
lock	láwk	ล็อค
long (in length)	yao	ยาว
long-distance call	thoh thaang klai	โทร.ทางไกล
look at	duu	ดู
look for	hăa	หา

139

look up	chom choei	ชมเชย
lose	hăi	หาย
loss	khwaam sŭun sĭa	ความสูญเสีย
lost (missing)	hăi pai	หายไป
lost (can't find way)	lŏng thaang	หลงทาง
lost and found office	sămnákngaan câehng khăwng hăi	สำนักงานแจ้งของหาย
lotion	lohchân	โลชั่น
loud	dang	ดัง
love	khwaam rák	ความรัก
love (verb)	rák	รัก
low	tàm	ต่ำ
low tide	náam long sùt	น้ำลงสุด
LPG	káeht lĕo	แก๊สเหลว
luck	chôhk	โชค
luggage	krapăo doehn thaang	กระเป๋าเดินทาง
luggage locker	thîi kèp sămphaará	ที่เก็บสัมภาระ
lumps (sugar)	kâwn	ก้อน
lunch	aahăan klaang wan	อาหารกลางวัน
lungs	pàwt	ปอด

M

madam	màem	แหม่ม
magazine	waarásăan	วารสาร
mail (letters)	còtmăi	จดหมาย
mail (verb)	sòng còtmăi	ส่งจดหมาย
main post office	praisanii klaang	ไปรษณีย์กลาง
main road	thanŏn yài, thanŏn lŭang	ถนนใหญ่, ถนนหลวง
make, create	sâang	สร้าง
make an appointment	nát	นัด
make love	tham rák, rûam phêht	ทำรัก, รวมเพศ
makeshift	chái chûa khrao	ใช้ชั่วคราว
makeup	thîi tàeng nâa	ที่แต่งหน้า
man	phûu chai	ผู้ชาย
manager	phûu càt kaan	ผู้จัดการ
mango	mamûang	มะม่วง
manicure	kaan tàeng lép	การแต่งเล็บ
many	mâak	มาก
map	phăehn thîi	แผนที่
marble	hĭn àwn	หินอ่อน
March	miinaakhom	มีนาคม
margarine	noei maakaariin	เนยมาร์การีน
marina	thîi càwt ruea	ที่จอดเรือ
marital status	sathăana sŏmrót	สถานะสมรส
market	talàat	ตลาด
married	tàeng ngaan	แต่งงาน
Mass (go to)	(pai ruam) phíthii nai bòht	ไปรวมพิธีในโบสถ์
massage	nûat	นวด
mat (on floor)	sùea	เสื่อ
mat (on table)	thîi rawng	ที่รอง
match	khâo kan	เข้ากัน
matches	mái khìit	ไม้ขีด
matte (photo)	rûup thài mâi man	รูปถ่ายไม่มัน
May	phrúetsaphaakhom	พฤษภาคม
maybe	àat ca	อาจจะ
mayonnaise	maayawngnêht	มายองเนส
mayor	naayók-thêhtsamontrii	นายกเทศมนตรี
meal	múeh	มื้อ
mean	cai khâehp	ใจแคบ
measure	wát	วัด
measuring jug	thûai tuang	ถ้วยตวง

measure out	bàeng wát	แบ่งวัด
meat	núea	เนื้อ
medication	yaa	ยา
medicine	yaa	ยา
meet	phóp	พบ
melon	taehng	แตง
member	samaachík	สมาชิก
member of parliament	samaachík saphaa phûu thaehn	สมาชิกสภาผู้แทน
membership card	bàt samaachík	บัตรสมาชิก
mend	sâwm saehm	ซ่อมแซม
menstruate	mii pracam duean	มีประจำเดือน
menstruation	kaan mii pracam duean	การมีประจำเดือน
menu	mehnuu, raikaan aahăan	เมนู, รายการอาหาร
message	khâw khwaam	ข้อความ
metal	lèk	เหล็ก
meter (in taxi)	mítôeh	มิเตอร์
metre	méht	เมตร
migraine	pùat hŭa yàang nàk	ปวดหัวอย่างหนัก
mild (taste)	rót àwn	รสอ่อน
milk	nom	นม
millimeter	millílméht	มิลลิเมตร
mineral water	nám râeh	น้ำแร่
minute	naathii	นาที
mirror	kracòk	กระจก
miss (flight, train)	tòk rót fai	ตกรถไฟ
miss (loved one)	khít thŭeng	คิดถึง
missing	hăi pai	หายไป
missing person	khon hăi	คนหาย
mist	màwk	หมอก
misty	mii màwk	มีหมอก
mistake	khwaam phìt	ความผิด
mistaken	khâocai phìt	เข้าใจผิด
misunderstanding	khâocai phìt	เข้าใจผิด
mixed	phasŏm	ผสม
modern art	sĭnlapà samăi mài	ศิลปะสมัยใหม่
moment	dĭao	เดี๋ยว
monastery	wát	วัด
Monday	wan can	วันจันทร์
money	ngoen	เงิน
monkey	ling	ลิง
month	duean	เดือน
moon	duang can	ดวงจันทร์
mope	suem sâo	ซึมเศร้า
mosquito	yung	ยุง
mosquito net	múng lûat	มุ้งลวด
motel	mohten	โมเต็ล
mother	mâeh	แม่
mother-in-law	mâeh yai	แม่ยาย
motorbike	mawtoehsai	มอเตอร์ไซค์
motorboat	ruea yon	เรือยนต์
mountain	phuu khăo	ภูเขา
mountain hut	krathâwm bon phuu khăo	กระท่อมบนภูเขา
mouse	nŭu	หนู
mouth	pàak	ปาก
MSG	phŏng chuu rót	ผงชูรส
much	mâak	มาก
mud	khlohn	โคลน
muscle	klâam núea	กล้ามเนื้อ
muscle spasms	klâam núea kratùk	กล้ามเนื้อกระตุก
museum	phíphítthaphan	พิพิธภัณฑ์

Word list

141

mushrooms	hèt	เห็ด
music	dontrii	ดนตรี

N

nail (metal)	tapuu	ตะปู
nail (finger)	lép	เล็บ
nail file	tabai lép	ตะไบเล็บ
nail scissors	kankrai tàt lép	กรรไกรตัดเล็บ
naked	plueai	เปลือย
nappy, diaper	phâa âwm	ผ้าอ้อม
nationality	sănchâat	สัญชาติ
natural	taam thammachâat	ตามธรรมชาติ
nature	thammachâat	ธรรมชาติ
nauseous	khlûehn sâi	คลื่นไส้
near	klâi	ใกล้
nearby (here)	thăeo níi	แถวนี้
nearby (there)	thăeo nán	แถวนั้น
necessary	campen	จำเป็น
neck	khaw	คอ
necklace	sâwi khaw	สร้อยคอ
necktie	nékthai	เน็คไท
needle	khěm	เข็ม
negative (photo)	fiim	ฟิล์ม
neighbour	phûean bâan	เพื่อนบ้าน
nephew	lăan chai	หลานชาย
never	mâi khoei	ไม่เคย
new	mài	ใหม่
news	khào	ข่าว
newspaper	nangsŭe phim	หนังสือพิมพ์
news stand	thîi khăi nangsŭeh phim	ที่ขายหนังสือพิมพ์
next	tàw pai	ต่อไป
next to	thàt pai	ถัดไป
nice (pleasant)	dii, plàwt pròhng	ดี ปลอดโปร่ง
nice (person)	dii	ดี
niece	lăan său	หลานสาว
night	klaang khuehn	กลางคืน
night duty	wehn klaang khuehn	เวรกลางคืน
nightclothes	chút nawn	ชุดนอน
nightclub	nái(t) kláp	ไนท์คลับ
nightdress	chút nawn	ชุดนอน
nipple (bottle)	cùk nom	จุกนม
no	mâi	ไม่
no entry	hâam khào	ห้ามเข้า
no thank you	mâi ao khàwp khun	ไม่เอา ขอบคุณ
noise	sĭang	เสียง
nonstop (flight)	bin trong	บินตรง
noodles	kúai tĭao	ก๋วยเตี๋ยว
no-one	mâi mii khrai	ไม่มีใคร
normal	pòkkatì	ปกติ
north	nŭea	เหนือ
nose	camùuk	จมูก
nosebleed	lûeat kamdao àwk	เลือดกำเดาออก
nose drops	thîi chìit camùuk	ที่ฉีดจมูก
not	mâi	ไม่
notebook	samùt banthúk	สมุดบันทึก
notepad	samùt chìik	สมุดฉีก
notepaper	kradàat còt	กระดาษจด
nothing	mâi mii arai	ไม่มีอะไร
November	phrúetsacìkaayon	พฤศจิกายน
nowhere	mâi mii thîi năi	ไม่มีที่ไหน
number	boeh, măi lêhk	เบอร์, หมายเลข
number plate	pâi thábian	ป้ายทะเบียน

Word list

15

nurse	phaiaabaan	พยาบาล
nuts	thùa	ถั่ว

O

occupation	aachîip	อาชีพ
October	tulaakhom	ตุลาคม
off (gone bad)	sĭa	เสีย
off (turned off)	pìt	ปิด
offer	sanŏeh hâi	เสนอให้
office	thîi tham ngaan	ที่ทำงาน
oil	námman khrûeang	น้ำมันเครื่อง
oil level	rádàp námman khrûeang	ระดับน้ำมันเครื่อง
ointment	khîi phûeng thaa	ขี้ผึ้งทา
okay	tòk long	ตกลง
old (of persons)	kàeh	แก่
old (of things)	kào	เก่า
on, at	thîi	ที่
on (turned on)	pòeht	เปิด
on board	khûen, yùu bon	ขึ้น, อยู่บน
oncoming car	rót sŭan	รถสวน
one-way ticket	tŭa thîao diao	ตั๋วเที่ยวเดียว
one-way traffic	rót doehn thaang diao	รถเดินทางเดียว
onion	hăwm yài	หอมใหญ่
on the left	thaang sáai	ทางซ้าย
on the right	thaang kwăa	ทางขวา
on the way	kamlang maa	กำลังมา
open	pòeht	เปิด
open (verb)	pòeht	เปิด
operate (surgeon)	phàa tàt	ผ่าตัด
operator (telephone)	ohpoehrehtôeh	โอเปอเรเตอร์
opposite	trong khâam	ตรงข้าม
optician	khon trùat taa	คนตรวจตา
orange (fruit)	sôm	ส้ม
orange (color)	sĭi sôm	สีส้ม
order (command)	kham sàng	คำสั่ง
order (written)	bai sàng	ใบสั่ง
order (verb)	sàng	สั่ง
other	ùehn	อื่น ๆ
other side	ìik khâang	อีกข้าง
outside	khâang nâwk	ข้างนอก
overpass	saphaan khâam	สะพานข้าม
overseas	tàang prathêht	ต่างประเทศ
overtake	saehng	แซง
over there (yonder)	thîi nôhn	ที่โน่น
oyster	hăwi naang rom	หอยนางรม

P

packed lunch	aahăan klaang wan hàw	ห่ออาหารกลางวัน
page	nâa	หน้า
pain	cèp pùat	เจ็บปวด
painkiller	yaa kâeh pùat	ยาแก้ปวด
paint	sĭi	สี
painting	rûup	รูป
pajamas	chút nawn	ชุดนอน
palace	wang	วัง
pan	kàthá	กะทะ
pane	baan kracòk	บานกระจก
panties	kaangkehng nai	กางเกงใน
pants	kaangkehng	กางเกง
pantyhose	thŭng nâwng	ถุงน่อง
papaya	malákaw	มะละกอ

Word list

15

paper	kradàat	กระดาษ
paraffin oil	námman phaaraafin	น้ำมันพาราฟิน
parasol	rôm kan dàeht	ร่มกันแดด
parcel	phátsadù	พัสดุ
pardon	khăw thôht	ขอโทษ
parents	phâw mâeh	พ่อแม่
park, gardens	sŭan	สวน
park (verb)	càwt	จอด
parking garage	rohng rót	โรงรถ
parking space	thîi càwt rót	ที่จอดรถ
part (car-)	alài	อะไหล่
partner (business)	hûn sùan	หุ้นส่วน
party	ngaan paafii	งานปาร์ตี้
passable (road)	(thanŏn) rót phàan săwng khan dâi	รถผ่านสองคันได้
passenger	phûu doisăan	ผู้โดยสาร
passionfruit	phol saowaroté	มะลเสาวรส
passport	năngsŭeh doehn thaang	หนังสือเดินทาง
passport photo	rûup thâi tìt phaasapáwt	รูปถ่ายติดพาสปอร์ต
patient	khon khâi	คนไข้
pay	cài	จ่าย
pay the bill	cài bin	จ่ายบิล
peach	phíit, phíich	พีช
peanut	thùa lísŏng	ถั่วลิสง
pear	phaeh	แพร์
pearl	khài múk	ไข่มุก
peas	thùa	ถั่ว
pedal	thîi thìip	ที่ถีบ
pedestrian crossing	thaang máa lai	ทางม้าลาย
pedicure	kaan tham lép tháo	การทำเล็บเท้า
pen	pàakkaa	ปากกา
pencil	dinsăw	ดินสอ
penknife	mîit phók	มีดพก
penis	khuai	ควย
people	khon	คน
pepper (black)	phrík thai	พริกไทย
pepper (chilli)	phrík yùak	พริกหยวก
performance	kaan tham ngaan	การทำงาน
perfume	nám hăwm	น้ำหอม
perhaps	baang thii	บางที
period (menstrual)	pracam duean	ประจำเดือน
permit	bai anúyâat	ใบอนุญาต
person	khon	คน
personal	sùan tua	ส่วนตัว
pet	sàt líang	สัตว์เลี้ยง
petrol	námman	น้ำมัน
petrol station	pám námman	ปั๊มน้ำมัน
pharmacy	ráan khăi yaa	ร้านขายยา
phone	thohrásàp	โทรศัพท์
phone (verb)	phûut thohrásàp	พูดโทรศัพท์
phone booth	tûu thohrásàp	ตู้โทรศัพท์
phone card	bàt thohrásàp	บัตรโทรศัพท์
phone directory	samùt thohrásàp	สมุดโทรศัพท์
phone number	măi lêhk thohrásàp	หมายเลขโทรศัพท์
photo	rûup thâi	รูปถ่าย
photocopier	khrûeang àt sămnao	เครื่องอัดสำเนา
photocopy	sămnao	สำเนา
photocopy (verb)	àt sămnao	อัดสำเนา
phrasebook	nangsŭeh khamsàp	หนังสือคำศัพท์
pick up (come to)	maa ráp	มารับ
pick up (go to)	pai ráp	ไปรับ

Word list

15

144

picnic	píkník	ปิคนิค
pill (contraceptive)	yaa khum kamnòeht	ยาคุมกำเนิด
pills, tablets	yaa mét	ยาเม็ด
pillow	mǎwn	หมอน
pillowcase	plàwk mǎwn	ปลอกหมอน
pin	khěm mùt	เข็มหมุด
pineapple	sapparót	สับปะรด
pipe (plumbing)	thâw	ท่อ
pipe (smoking)	pái(p), klâwng	ไปพ์, กล้อง
pipe tobacco	yaa sùup	ยาสูบ
pity	sǒngsǎan	สงสาร
place of interest	sathǎan thîi nâa thîao	สถานที่น่าเที่ยว
plain (simple)	thammadaa	ธรรมดา
plain (not flavoured)	plào	เปล่า
plan (map)	phǎehn	แผน
plan (intention)	phǎehn	แผน
plane	khrûeang bin	เครื่องบิน
plant (factory)	rohngngaan	โรงงาน
plant (vegetation)	tôn mái	ต้นไม้
plaster cast	fùeak	เฝือก
plastic	plaasatìk, plaastìk	พลาสติก
plastic bag	thǔng plaasatìk	ถุงพลาสติก
plate	caan	จาน
platform	chaan chaalaa	ชานชาลา
play (drama)	lakhawn	ละคร
play (verb)	lên	เล่น
play golf	lên káwf	เล่นกอล์ฟ
playground	sanǎam dèk lên	สนามเด็กเล่น
playing cards	phâi	ไพ่
play sports	lên kiilaa	เล่นกีฬา
play tennis	lên thehnít	เล่นเทนนิส
pleasant	dii	ดี
please	chûai	ช่วย
pleasure	khwaam yindii	ความยินดี
plug (electric)	plák fai	ปลั๊กไฟ
plum	lûuk phlam	ลูกพลัม
pocket	krapǎo	กระเป๋า
pocketknife	mîit phók	มีดพก
point out	chíi	ชี้
poisonous	pen phít	เป็นพิษ
police	tamrùat	ตำรวจ
police officer	nai tamrùat	นายตำรวจ
police station	sathǎanii tamrùat	สถานีตำรวจ
pond	sà-aam	สระน้ำ
pony	máa praphêht lék	ม้าประเภทเล็ก
population	prachaachon	ประชากร
pork	mǔu	หมู
port	thâa ruea	ท่าเรือ
porter (for bags)	khon khǒn krapǎo	คนขนกระเป๋า
possible	pen pai dâi	เป็นไปได้
post (verb)	sòng	ส่ง
postage	khâa sòng praisanii	ค่าส่งไปรษณีย์
postbox	tûu praisanii	ตู้ไปรษณีย์
postcard	praisaniiyábàt	ไปรษณียบัตร
postcode	rahàt praisanii	รหัสไปรษณีย์
poste restante	thîi kèp phátsadù	ที่เก็บพัสดุ
post office	praisanii	ไปรษณีย์
postpone	lûean	เลื่อน
potato	man	มัน
potato chips	man thâwt	มันทอด
poultry	kài	ไก่
powdered milk	nom phǒng	นมผง
power outlet	thîi sìap plák	ที่เสียบปลั๊ก

Word list 15

prawn	kûng	กุ้ง
precious metal	lohhà mii khâa	โลหะมีค่า
precious stone	phlawi	พลอย
prefer	châwp mâak kwàa	ชอบมากกว่า
preference	sìng thîi châwp mâak kwàa	สิ่งที่ชอบมากกว่า
pregnant	mii tháwng	มีท้อง
prescription	bai sàng yaa	ใบสั่งยา
present (here)	yùu nîi	อยู่นี่
present (gift)	khǎwng khwǎn	ของขวัญ
press	kòt	กด
pressure	khwaam kòt dan	ความกดดัน
price	raakhaa	ราคา
price list	raikaan raakhaa	รายการราคา
print (picture)	phâap phim	ภาพพิมพ์
print (verb)	phim	พิมพ์
probably	àat ca	อาจจะ
problem	panhǎa	ปัญหา
profession	aachîip	อาชีพ
profit	phǒn kamrai	ผลกำไร
program	prohkraehm	โปรแกรม
pronounce	àwk sǐang	ออกเสียง
propane	káet chúea phloehng	แก๊สเชื้อเพลิง
pudding	phútdîng	พุดดิ้ง
pull	dueng	ดึง
pull a muscle	klâam núea tueng	กล้ามเนื้อตึง
pulse	chîiphacawn	ชีพจร
pure	bawrísùt	บริสุทธิ์
purify	tham hâi bawrísùt	ทำให้บริสุทธิ์
purple	sǐi mûang	สีม่วง
purse (handbag)	krapǎo thǔeh	กระเป๋าถือ
purse (for money)	krapǎo sataang	กระเป๋าสตางค์
push	phlàk	ผลัก
puzzle	prìtsanǎa	ปริศนา
pyjamas	chút nawn	ชุดนอน

Q

quarter	sèht nùeng sùan sìi	เศษหนึ่งส่วนสี่
quarter of an hour	sìp hâa naathii	สิบห้านาที
queen	râatchinii	ราชินี
question	kham thǎam	คำถาม
quick	reo	เร็ว
quiet	ngîap	เงียบ

R

radio	wítthayú	วิทยุ
railroad, railway	thaang rót fai	ทางรถไฟ
rain	fǒn	ฝน
rain (verb)	fǒn tòk	ฝนตก
raincoat	sûea fǒn	เสื้อฝน
rape	khòm khǔen	ข่มขืน
rapid	rûat reo	รวดเร็ว
rapids	náam chîao	น้ำเชี่ยว
rash	phùen khan	ผื่นคัน
rat	nǔu	หนู
raw	dìp	ดิบ
razor blade	bai mîit kohn	ใบมีดโกน
read	àan	อ่าน
ready	phráwm	พร้อม
really	cing cing	จริง ๆ
reason	hèht phǒn	เหตุผล
receipt	bai sèt	ใบเสร็จ
reception desk	phanàehk tâwn ráp	แผนกต้อนรับ

recipe	sùut aahăan	สูตรอาหาร
reclining chair	kâo-îi pràp dâi	เก้าอี้ปรับได้
recommend	náe-nam	แนะนำ
rectangle	sìi liam phúehn phâa	สี่เหลี่ยมผืนผ้า
red	daehng	แดง
red wine	wai(n) daehng	ไวน์แดง
reduction	sùan lót	ส่วนลด
refrigerator	tûu yen	ตู้เย็น
refund	bòehk khuehn	เบิกคืน
regards (closure)	náp thŭeh	นับถือ
region	phuumíphâak	ภูมิภาค
registered	long thabian	ลงทะเบียน
relatives	yâat	ญาติ
reliable	wái cai dâi	ไว้ใจได้
religion	sàatsanăa	ศาสนา
rent out	hâi châo	ให้เช่า
repair	sâwm	ซ่อม
repairs	kaan sâwm	การซ่อม
repeat	tham sám	ทำซ้ำ
report (police)	câehng	แจ้ง
reserve	thanăwm, sămrawng	ถนอม, สำรอง
responsible	ráp phìt châwp	รับผิดชอบ
rest	phák phàwn	พักผ่อน
restaurant	ráan aahăan	ร้านอาหาร
restroom	hâwng phák phàwn	ห้องพักผ่อน
result	phŏn	ผล
retired	kasĭan	เกษียณ
return ticket	tŭa pai klàp	ตั๋วไปกลับ
reverse (car)	thăwi rót	ถอยรถ
rheumatism	rôhk pùat nai khăi khâw	โรคปวดในไขข้อ
ribbon	ripbîn	ริบบิ้น
rice (cooked)	khâo sŭai	ข้าวสวย
rice (grain)	khâo săan	ข้าวสาร
ridiculous	mâi khâo rûeang	ไม่เข้าเรื่อง
riding (horseback)	kaan khìi máa	การขี่ม้า
right (side)	khâng khwăa	ข้างขวา
right (correct)	thùuk	ถูก
right of way	mii sìt pai kàwn	มีสิทธิ์ไปก่อน
rinse	láang náam	ล้างน้ำ
ripe	sùk	สุก
risk	sĭang	เสี่ยง
river	mâeh náam	แม่น้ำ
road	thanŏn	ถนน
roadway	thanŏn lŭang	ถนนหลวง
roasted	òp	อบ
rock (stone)	hĭn	หิน
roll (bread)	khanŏm pang	ขนมปัง
roof	lăngkhaa	หลังคา
roof rack	thîi waang khăwng bon lăngkhaa rót	ที่วางของบนหลังคารถ
room	hâwng	ห้อง
room number	măi lêhk hâwng	หมายเลขห้อง
room service	bawríkaan thŭeng hâwng	บริการถึงห้อง
rope	chûeak	เชือก
route	sên thaang	เส้นทาง
rowing boat	ruea phai	เรือพาย
rubber (material)	yaang	ยาง
rude	mâi suphâap	ไม่สุภาพ
ruins	khăwng phang	ของพัง
run	wîng	วิ่ง
running shoes	rawngtháo sămràp wîng	รองเท้าสำหรับวิ่ง

Word list

15

S

sad	sâo	เศร้า
safe	plàwtphai	ปลอดภัย
safe (for cash)	tûu séhf	ตู้เซฟ
safety pin	khěm klàt	เข็มกลัด
sail (verb)	lâwng ruea	ล่องเรือ
sailing boat	ruea bai	เรือใบ
salad	salàt	สลัด
sale	khǎi	ขาย
sales clerk	phanákngaan khǎi	พนักงานขาย
salt	kluea	เกลือ
same	mǔeankan	เหมือนกัน
sandals	rawng tháo tàe	รองเท้าแตะ
sandy beach	hàat sai	หาดทราย
sanitary towel	phâa anaamai	ผ้าอนามัย
satisfied	phaw cai	พอใจ
Saturday	wan sǎo	วันเสาร์
sauce	sáws, nám cîm	ซอส, น้ำจิ้ม
saucepan	mâw	หม้อ
sauna	òp ai náam	อบไอน้ำ
say	phûut	พูด
scald (injury)	phlǎeh nám rawn lûak	แผลน้ำร้อนลวก
scales	thîi châng námnàk	ที่ชั่งน้ำหนัก
scarf (headscarf)	phâa phan khaw	ผ้าพันคอ
scarf (muffler)	phâa phan khaw nǎa	ผ้าพันคอหนา
scenic walk	thîi doehn chom wiu	ที่เดินชมวิว
school	rohng rian	โรงเรียน
scissors	kankrai	กรรไกร
Scotland	sakàwtlaehn	สก็อตแลนด์
screw	tapuu khuang	ตะปูควง
screwdriver	khǎi khuang	ไขควง
scuba diving	kaan dam náam chái khrûeang	การดำน้ำใช้เครื่อง
sculpture	rûup pân	รูปปั้น
sea	thaleh	ทะเล
seasick	mao ruea	เมาเรือ
seat	thîi nâng	ที่นั่ง
second (in line)	thîi sǎwng	ที่สอง
second (instant)	wínaathii	วินาที
second-hand	mueh sǎwng	มือสอง
sedative	yaa rangáp prasàat	ยาระงับประสาท
see	hěn	เห็น
send	sòng	ส่ง
sentence (words)	prayòhk	ประโยค
separate	yâek kan	แยกกัน
September	kanyaayon	กันยายน
serious	cing cang	จริงจัง
service	bawríkaan	บริการ
service station	pám námman	ปั้มน้ำมัน
serviette	phâa chét mueh	ผ้าเช็ดมือ
sesame oil	námman ngaa	น้ำมันงา
sesame seeds	ngaa	งา
set	chút	ชุด
sew	yép phâa	เย็บผ้า
shade	rôm ngao	ร่มเงา
shallow	tûehn	ตื้น
shame	lá-ai	ละอาย
shampoo	chaehmphuu sà phǒm	แชมพูสระผม
shark	plaa chalǎam	ปลาฉลาม
shave	kohn	โกน
shaver	thîi kohn	ที่โกน
shaving cream	khriim kohn nùat	ครีมโกนหนวด
sheet	phâa puu thîi nawn	ผ้าปูที่นอน

Word list

15

148

shirt	sûea chóeht	เสื้อเชิ้ต
shoe	rawng tháo	รองเท้า
shoe polish	yaa khàt rawng tháo	ยาขัดรองเท้า
shop, store	ráan	ร้าน
shop (verb)	pai súeh khǎwng	ไปซื้อของ
shop assistant	khon khǎi	คนขาย
shopping centre	sǔun kaan kháa	ศูนย์การค้า
shop window	nǎatàang choh sǐn kháa	หน้าต่างโชว์สินค้า
short	sân	สั้น
short circuit	wongcawn sân	วงจรสั้น
shorts (short trousers)	kaangkehng khǎa sân	กางเกงขาสั้น
shorts (underpants)	kaangkehng nai	กางเกงใน
shoulder	bàa	บ่า
show	sadaehng, choh	แสดง, โชว์
shower	àap náam fàk bua	อาบน้ำฝักบัว
shrimp	kûng	กุ้ง
shutter (camera)	thîi pìt kân saehng	ที่ปิดกั้นแสง
shutter (on window)	baan nâatàang	บานหน้าต่าง
sieve	krachawn	กระชอน
sightseeing	chom thiuthát	ชมทิวทัศน์
sign (road)	pâi sǎnyaan	ป้ายสัญญาณ
sign (verb)	sen	เซ็น
signature	lai sen	ลายเซ็น
silence	khwaam ngîap	ความเงียบ
silk	mǎi	ไหม
silver	ngoen	เงิน
simple	thammadaa	ธรรมดา
single (only one)	diao	เดียว
single (unmarried)	sòht	โสด
single ticket	tǔa thîao diao	ตั๋วเที่ยวเดียว
sir	soeh	เซอร์
sister (older)	phîi sǎo	พี่สาว
sister (younger)	náwng sǎo	น้องสาว
sit (be sitting)	nâng	นั่ง
sit down	nâng long	นั่งลง
size	khanàat	ขนาด
skiing	kaan lên sakii	การเล่นสกี
skin	phǐu	ผิว
skirt	kraprohng	กระโปรง
sleep	làp	หลับ
sleeping car	tûu nawn	ตู้นอน
sleeping pills	yaa nawn làp	ยานอนหลับ
sleeve	khǎehn sûea	แขนเสื้อ
slip (underskirt)	salìp	สลิป
slippers	rawng tháo tàe	รองเท้าแตะ
slow	cháa	ช้า
slow train	rót wǎan yen	รถหวานเย็น
small	lék	เล็ก
small change	sèht staang	เศษสตางค์
smell	klìn	กลิ่น
smoke (cigarette)	sùup burìi	สูบบุหรี่
smoked	phôn khwan	พ่นควัน
smoke detector	thîi trùat càp khwan	ที่ตรวจจับควัน
snake	nguu	งู
snorkel	thâw hǎi cai nák pradaa náam	ท่อหายใจนักประดาน้ำ
snow	himá	หิมะ
snow (verb)	himá tòk	หิมะตก
soap	sabùu	สบู่
soap powder	phǒng sák fâwk	ผงซักฟอก
soccer	fút bawn	ฟุตบอล
soccer match	râwp fút bawn	รอบฟุตบอล

Word list

15

socket (electric)	thîi sìap plák	ที่เสียบปลั๊ก
socks	thŭng tháo	ถุงเท้า
soft drink	náam àt lom	น้ำอัดลม
sole (of shoe)	phúehn rawng tháo	พื้นรองเท้า
someone	baang khon	บางคน
sometimes	baang thii	บางที
somewhere	baang hàeng	บางแห่ง
son	lûuk chai	ลูกชาย
soon	reo reo níi	เร็ว ๆ นี้
sore (ulcer)	phlăeh mii nǎwng	แผลมีหนอง
sore (painful)	cèp	เจ็บ
sore throat	cèp khaw	เจ็บคอ
sorry	sĭa cai	เสียใจ
soup	súp	ซุป
sour	prîao	เปรี้ยว
south	tâi	ใต้
souvenir	khăwng thîi ralúek	ของที่ระลึก
soy sauce	sii-íu	ซีอิ๊ว
spanner, wrench	kuncaeh lûean	กุญแจเลื่อน
spare	sǎmrawng	สำรอง
spare parts	alài	อะไหล่
spare tyre	yaang alài	ยางอะไหล่
spare wheel	láw alài	ล้ออะไหล่
speak	phûut	พูด
special	phísèht	พิเศษ
specialist (doctor)	mǎw chapháw thaang	หมอเฉพาะทาง
speciality (cooking)	aahǎan caan kèng	อาหารจานเก่ง
speed limit	khwaam reo camkàt	ความเร็วจำกัด
spell	sakòt	สะกด
spices	khrûeang thêht	เครื่องเทศ
spicy	phèt ráwn	เผ็ดร้อน
splinter (wood)	sîan	เสี้ยน
splinter (glass)	sèht kâeo	เศษแก้ว
spoon	cháwn	ช้อน
sport	kiilaa	กีฬา
sports centre	sǔun khrûeang kiilaa	ศูนย์เครื่องกีฬา
spot (place)	thîi dai thîi nùeng	ที่ใดที่หนึ่ง
spot (stain)	rawi pûean	รอยเปื้อน
spouse	khûu sǒmrót	คู่สมรส
sprain	khlét	เคล็ด
spring (season)	rúeduu bai mái phlì	ฤดูใบไม้ผลิ
spring (device)	sapring	สปริง
square (shape)	sìi lìam catùràt	สี่เหลี่ยมจัตุรัส
square (shopping plaza)	sǔun kaan kháa	ศูนย์การค้า
square metre	taaraang méht	ตารางเมตร
squash (vegetable)	sakhwáwt	สควอช
squash (game)	lên sakhwáwt	เล่นสควอช
stadium	sanǎam kiilaa	สนามกีฬา
stain	rawi pûean	รอยเปื้อน
stain remover	thîi lóp rawi pûean	ที่ลบรอยเปื้อน
stairs	bandayi	บันได
stamp	sataehm	แสตมป์
stand (be standing)	yuehn	ยืน
stand up	yuehn khûen	ยืนขึ้น
star	dao	ดาว
starfruit	má-fueang	มะเฟือง
start	rôehm	เริ่ม
station	sathǎanii	สถานี
statue	rûup pân	รูปปั้น
stay (remain)	khong yùu	คงอยู่
stay (in hotel)	phák	พัก
steal	khamoi	ขโมย
steamed	nûeng	นึ่ง

steel	lèk klâa	เหล็กกล้า
stepfather	phâw líang	พ่อเลี้ยง
stepmother	mâeh líang	แม่เลี้ยง
steps	kâo	ก้าว
sterilize	khâa chúea	ฆ่าเชื้อ
sticking plaster	phlaasatôeh	พลาสเตอร์
sticky tape	théhp nǐao	เทปเหนียว
stir-fried	phàt	ผัด
stitches (in wound)	khěm	เข็ม
stomach (organ)	tháwng	ท้อง
stomach (abdomen)	tháwng	ท้อง
stomach ache	puàt tháwng	ปวดท้อง
stomach cramps	takhiu thîi tháwng	ตะคิวที่ท้อง
stools (feces)	ùtcaará	อุจจาระ
stop (halt)	yùt	หยุด
stop (cease)	lôehk	เลิก
stop (bus-)	pâi	ป้ายรถเมล์
stopover	kháang khuehn	ค้างคืน
store, shop	ráan	ร้าน
storey	chán	ชั้น
storm	phaayú	พายุ
straight	trong	ตรง
straight ahead	trong pai khâng nâa	ตรงไปข้างหน้า
straw (drinking)	làwt dùut	หลอดดูด
street	thanǒn	ถนน
street vendor	khon hàap khǎwng khǎi taam thanǒn	คนหาบของขายตามถนน
strike (work stoppage)	nát yùt ngaan	นัดหยุดงาน
string	chûeak	เชือก
strong	khǎeng raehng	แข็งแรง
study	rian	เรียน
stuffed animal	sàt stáaf	สัตว์สตาฟ
stuffing	yát sâi	ยัดไส้
subtitles	ban yai	บรรยาย
succeed	sǎmrèt	สำเร็จ
sugar	námtaan	น้ำตาล
suit	sùut	สูท
suitcase	krapǎo doehn thaang	กระเป๋าเดินทาง
summer	nâa ráwn	หน้าร้อน
sun	duang aathít	ดวงอาทิตย์
sunbathe	àap dàeht	อาบแดด
Sunday	wan aathít	วันอาทิตย์
sunglasses	wâen kan dàeht	แว่นกันแดด
sunhat	mùak kan dàeht	หมวกกันแดด
sunrise	duang aathít khûen	ดวงอาทิตย์ขึ้น
sunshade	nai rôm	ในร่ม
sunscreen	khriim kan dàeht	ครีมกันแดด
sunset	duang aathít tòk	ดวงอาทิตย์ตก
sunstroke	pen lom dàeht	เป็นลมแดด
suntan lotion	lohchân kan dàeht	โลชั่นกันแดด
suntan oil	nàmman thaa kan dàeht	น้ำมันทากันแดด
supermarket	súpôehmaakèt	ซุเปอร์มาร์เก็ต
surcharge	ngoen kèp phôehm	เงินเก็บเพิ่ม
surf	lên tôh khlûehn	เล่นโต้คลื่น
surface mail	meh(l) thammadaa	เมล์ธรรมดา
surfboard	kradaan tôh khlûehn	กระดานโต้คลื่น
surname	naam sakun	นามสกุล
surprised	pralàat cai	ประหลาดใจ
swallow	kluehn	กลืน
swamp	bueng	บึง
sweat	ngùea	เหงื่อ
sweater	sûea kan nǎo	เสื้อกันหนาว

Word list

15

sweet	wăan	หวาน
sweetcorn	khâo phôht wăan	ข้าวโพดหวาน
swim	wâi náam	ว่ายน้ำ
swimming pool	sà wâi náam	สระว่ายน้ำ
swimming costume	chút àap náam	ชุดอาบน้ำ
swindle	kohng, làwk luang	โกง, หลอกลวง
switch	sa-wít	สวิทช์
synagogue	suràw khăwng yiu	สุเหร่าของยิว
syrup	náam chûeam	น้ำเชื่อม

T

table	tó	โต๊ะ
tablecloth	phâa puu tó	ผ้าปูโต๊ะ
tablemat	phâa rawng caan	ผ้ารองจาน
tablespoon	cháwn tó	ช้อนโต๊ะ
table tennis	ping pawng	ปิงปอง
tablets	yaa mét	ยาเม็ด
tableware	chút thaan aahăan	ชุดทานอาหาร
take (medicine)	kin (yaa)	กิน
take (photograph)	thài rûup	ถ่ายรูป
take (time)	chái wehlaa	ใช้เวลา
talk	phûut	พูด
tall	sŭung	สูง
tampon	thaehmpawn, phâa anaamai	แทมปอน, ผ้าอนามัย
tanned	sĭi nám phûeng	สีน้ำผึ้ง
tap	káwk	ก๊อก
tape measure	săi wát	สายวัด
tap water	nám káwk	น้ำก๊อก
tassel	phûu hâwi	พู่ห้อย
taste	rót	รส
taste (verb)	chim	ชิม
tax	phaasĭi	ภาษี
tax-free shop	ráan plàwt phaasĭi	ร้านปลอดภาษี
taxi	tháeksĭi	แท็กซี่
taxi stand	pâi tháeksĭi	ป้ายรถแท็กซี่
tea (black)	chaa dam	ชาดำ
tea (green)	chaa khĭao	ชาเขียว
teacup	thûai nám chaa	ถ้วยน้ำชา
teapot	kaa nám chaa	กาน้ำชา
teaspoon	cháwn chaa	ช้อนชา
teat (bottle)	cùk nom	จุกนม
telephoto lens	len sàwng thaang klai	เล้นส่งทางไกล
television	thii wii	ทีวี
telex	thehlèk	เทเล็กซ์
temperature (heat)	unhàphuum	อุณหภูมิ
temperature (to have a)	mii khâi	มีไข้
temple	wát	วัด
temporary filling	ùt fan chûa khrao	อุดฟันชั่วคราว
tender, sore	chám	ช้ำ
tennis	thehnít	เทนนิส
ten	sìp	สิบ
tent	tén	เต็นท์
terminus	sathăanii plai thaang	สถานีปลายทาง
terrace (patio)	thehrêht	เทอเรซ
terrace (houses)	bâan hâwng thăeo	บ้านห้องแถว
terrible	yâe mâak	แย่มาก
thank	khàwp khun	ขอบคุณ
thank you, thanks	khàwp khun	ขอบคุณ
thaw	lalai	ละลาย
theatre	rohng năng	โรงหนัง
theft	kaan khamoi (khăwng)	การขโมย (ของ)

152

there	thîi nân	ที่นั่น
thermometer (body)	paràwt	ปรอท
thermometer (weather)	thoehmohmítôeh	เทอร์โมมิเตอร์
thick	năa	หนา
thief	khamoi	ขโมย
thigh	khăa àwn	ขาอ่อน
thin (not fat)	phǎwm	ผอม
thin (not thick)	baang	บาง
think (ponder)	khít	คิด
think (believe)	chûea	เชื่อ
third (1/3)	sèht nùeng sùan sǎam	เศษหนึ่งส่วนสาม
third (place)	thîi sǎam	ที่สาม
thirsty	hìu	หิว
this afternoon	bài níi	บ่ายนี้
this evening	yen níi	เย็นนี้
this morning	cháo níi	เช้านี้
thread	dâi	ด้าย
throat	khaw hǎwi	คอหอย
throat lozenges	yaa kâe cèp khaw	ยาแก้เจ็บคอ
thunderstorm	phaayú	พายุ
Thursday	wan pharúehàt (sabawdii)	วันพฤหัสบดี
ticket (admission)	tǔa	ตั๋ว
ticket (travel)	tǔa	ตั๋ว
ticket office	thîi khǎi tǔa	ที่ขายตั๋ว
tidy	ńap ráwi	เรียบร้อย
tie (necktie)	thai, phâa phùuk khaw	ไท, ผ้าผูกคอ
tie (verb)	phùuk	ผูก
tights (thick)	thǔng nâwng nǎa nǎa	ถุงน่องหนา ๆ
tights (pantyhose)	thǔng nâwng	ถุงน่อง
time (occasion)	wehlaa, thii	เวลา, ที
times (multiplying)	khuun	คูณ
timetable	taaraang	ตาราง
tin (can)	krapǎwng	กระป๋อง
tin opener	thîi pòeht krapǎwng	ที่เปิดกระป๋อง
tip (gratuity)	thíp	ทิป
tissues	kradàat chét pàak	กระดาษเช็ดปาก
tobacco	yaa sùup	ยาสูบ
today	wan níi	วันนี้
toddler	dèk lék	เด็กเล็ก
toe	plai tháo	ปลายเท้า
together	dûai kan	ด้วยกัน
toilet	hâwng náam	ห้องน้ำ
toilet paper	kradàat chamrá	กระดาษชำระ
toilet seat	thîi nâng sûam	ที่นั่งส้วม
toiletries	khrûeang chái nai hâwng náam	เครื่องใช้ในห้องน้ำ
tomato	makhǔea thêht	มะเขือเทศ
tomorrow	phrûng níi	พรุ่งนี้
tongue	lín	ลิ้น
tonight	khuehn níi	คืนนี้
tool	khrûeang mueh	เครื่องมือ
tooth	fan	ฟัน
toothache	pùat fan	ปวดฟัน
toothbrush	praehng sǐi fan	แปรงสีฟัน
toothpaste	yaa sǐi fan	ยาสีฟัน
toothpick	mái ĉim fan	ไม้จิ้มฟัน
top up	toehm	เติม
torch, flashlight	fai chǎi	ไฟฉาย
total	tháng mòt	ทั้งหมด
tough	yâak	ยาก
tour	thátsanaacawn, thua	ทัศนาจร, ทัวร์

tour guide	mákkhúthêht, kái	มัคคุเทศก์, ไกด์
tourist class	chán nák thâwng thîao	ชั้นนักท่องเที่ยว
tourist information office	sămnák ngaan hâi khâw muun nák thâwng thîao	สำนักให้ข้อมูลนักท่องเที่ยว
tow	lâak	ลาก
tow cable	lûat lâak	ลวดลาก
towel	phâa chét tua	ผ้าเช็ดตัว
tower	hăw khawi	หอคอย
town	mueang	เมือง
town hall	săalaa klaang	ศาลากลาง
toy	khăwng lên	ของเล่น
traffic	kaan caraacawn	การจราจร
traffic light	fai caraacawn	ไฟจราจร
train	rót fai	รถไฟ
train station	sathăanii rót fai	สถานีรถไฟ
train ticket	tŭa rót fai	ตั๋วรถไฟ
train timetable	taaraang rót fai	ตารางรถไฟ
translate	plaeh	แปล
travel	doehn thaang	เดินทาง
travel agent	ehyên khăi tŭa	เอเย่นขายตั๋ว
traveler	nák doehn thaang	นักเดินทาง
traveler's cheque	chék doehn thaang	เช็คเดินทาง
treatment	kaan ráksăa	การรักษา
triangle	săam lìam	สามเหลี่ยม
trim (hair)	lem	เล็ม
trim (haircut)	tàt phŏm	ตัดผม
trip	kaan doehn thaang	การเดินทาง
truck	rót banthúk	รถบรรทุก
trustworthy	wái cai dâi	ไว้ใจได้
try on	lawng	ลอง
tube (of paste)	làwt	หลอด
Tuesday	wan angkhaan	วันอังคาร
tuna	plaa thuunâa	ปลาทูน่า
tunnel	ùmohng	อุโมงค์
turn off	pìt	ปิด
turn on	pòeht	เปิด
turn over	phlík	พลิก
TV	thii wii	ทีวี
TV guide	raikaan thii wii	รายการทีวี
tweezers	nàehp	แหนบ
twin-bedded	tiang khûu	เตียงคู่
typhoon	tâifùn	ไต้ฝุ่น
tyre	yaang rót	ยางรถ
tyre pressure	lom yaang	ลมยาง

U

ugly	nâa klìat	น่าเกลียด
UHT milk	nom yuu èht thii	นมยูเอชที
ulcer	phlăeh pùeai	แผลเปื่อย
umbrella	rôm	ร่ม
under	tâi	ใต้
underpants	kaangkehng nai	กางเกงใน
underpass	thanŏn lâwt tâi saphaan	ถนนลอดใต้สะพาน
understand	khâo cai	เข้าใจ
underwear	kaangkehng nai	กางเกงใน
undress	kâeh phâa	แก้ผ้า
unemployed	wâang ngaan	ว่างงาน
uneven	mâi ríap	ไม่เรียบ
university	mahăawítthayaalai	มหาวิทยาลัย
unleaded	rái săan takùa	ไร้สารตะกั่ว

up	khûen	ขึ้น
upright	tâng trong	ตั้งตรง
urgent	dùan	ด่วน
urgently	yàang rîip dùan	อย่างรีบด่วน
urine	patsăawá	ปัสสาวะ
usually	mák ca	มักจะ

V

vacate	plàwi hâi wâang	ปล่อยให้ว่าง
vacation	wan yùt	วันหยุด
vaccinate	chìit wáksiin	ฉีดวัคซีน
vagina	châwng khlâwt, cǐm	ช่องคลอด, จิ๋ม
valid	chái dâi	ใช้ได้
valley	hùp khăo	หุบเขา
valuable	mii khâa	มีค่า
valuables	khăwng mii khâa	ของมีค่า
van	rót tûu	รถตู้
vase	caehkan	แจกัน
vegetable	phàk	ผัก
vegetarian	khon thîi kin ceh	คนที่กินเจ
vein	làwt lûeat dam	หลอดเลือดดำ
velvet	phâa kammáyîi	ผ้ากำมะหยี่
vending machine	khrûeang khăi khăwng	เครื่องขายของ
venomous	mii pít	มีพิษ
venereal disease	rôhk thîi tìt tàw thaang rûam phêht	โรคที่ติดต่อทางร่วมเพศ
vertical	naeo tâng	แนวตั้ง
via	doi thaang, phàan	โดยทาง, ผ่าน
video camera	klâwng widii-oh	กล้องวิดีโอ
video cassette	khaasét widii-oh	คาสเซ็ทวิดีโอ
video recorder	khrûeang àt widii-oh	เครื่องอัดวิดีโอ
view	thátsaná, wiu	ทัศนะ, วิว
village	mùu bâan	หมู่บ้าน
visa	wiisâa	วีซ่า
visit	yîam	เยี่ยม
visiting time	wehlaa yîam	เวลาเยี่ยม
vitamins	wítaamin	วิตามิน
vitamin tablets	yaa mét wítaamin	ยาเม็ดวิตามิน
volcano	phuu khăo fai	ภูเขาไฟ
volleyball	wawllêhbawn	วอลเล่ย์บอล
vomit	aacian	อาเจียร

W

wait	raw, khawi	รอ, คอย
waiter	bawríkawn, khon sòehf	บริกร, คนเสริฟ
waiting room	hâwng nâng raw	ห้องนั่งรอ
waitress	bawríkawn yǐng	บริกรหญิง
wake up	tùehn	ตื่น
Wales	wehl(s)	เวลส์
walk (noun)	kaan doehn	การเดิน
walk (verb)	doehn	เดิน
walking stick	mái tháo	ไม้เท้า
wall	kamphaehng	กำแพง
wallet	krapăo staang	กระเป๋าสตางค์
want, need	tâwngkaan	ต้องการ
wardrobe	tûu sûea phâa	ตู้เสื้อผ้า
warm	òp ùn	อบอุ่น
warn	tuean	เตือน
warning	kham tuean	คำเตือน
wash	láang	ล้าง
washing	kaan láang	การล้าง

Word list

15

155

washing line	rao tàak phâa	ราวตากผ้า
washing machine	khrûeang sák phâa	เครื่องซักผ้า
wasp	tua tàw	ตัวต่อ
watch	fâo	เฝ้า
water	náam	น้ำ
waterfall	nám tòk	น้ำตก
waterproof	kan náam	กันน้ำ
water-skiing	sakii náam	สกีน้ำ
way (direction)	thaang	ทาง
way (method)	wíthii	วิธี
we	rao	เรา
weak	àwn aeh	อ่อนแอ
wear	sài	ใส่
weather	aakàat	อากาศ
weather forecast	phayaakawn aakàat	พยากรณ์อากาศ
wedding	ngaan tàeng ngaan	งานแต่งงาน
Wednesday	wan phút	วันพุธ
week	sàpdaa	สัปดาห์
weekday	wan tham ngaan	วันทำงาน
weekend	wan sùt sàpdaa	วันสุดสัปดาห์
weigh	châng	ชั่ง
weigh out	bàeng châng	แบ่งชั่ง
welcome	yindii tâwn ráp	ยินดีต้อนรับ
well (good)	dii	ดี
well (for water)	bàw náam	บ่อน้ำ
west	ta-wan tòk	ตะวันตก
wet	pìak	เปียก
wetsuit	chút dam náam	ชุดดำน้ำ
what?	arai?	อะไร?
wheel	láw rót	ล้อรถ
wheelchair	kâo-îi mii láw khěn	เก้าอี้มีล้อเข็น
when?	mûearai	เมื่อไร
where?	thîi năi	ที่ไหน
which?	năi	ไหน
white	khăo	ขาว
white wine	wai(n) khăo	ไวน์ขาว
who?	khrai	ใคร
why?	thammai	ทำไม
wide-angle lens	len(s) mum kwâang	เลนส์มุมกว้าง
widow	mâeh mâi	แม่ม่าย
widower	phâwi mâi	พ่อม่าย
wife	mia, phan(ra)yaa	เมีย, ภรรยา
wind	lom	ลม
window (in room)	nâatàang	หน้าต่าง
window (to pay)	khaotôeh	เคาน์เตอร์
windscreen, windshield	kracòk nâa rót	กระจกหน้ารถ
windscreen wiper	thîi pàt nám fŏn	ที่ปัดน้ำฝน
wine	wai(n)	ไวน์
winter	nâa năo	หน้าหนาว
wire	lûat	ลวด
witness	phayaan	พยาน
woman	phûu yĭng	ผู้หญิง
wonderful	yâwt yîam	ยอดเยี่ยม
wood	mái	ไม้
wool (cloth)	(phâa) khŏn sàt	ผ้าขนสัตว์
word	kham	คำ
work	ngaan	งาน
working day	wan tham ngaan	วันทำงาน
worn (used)	chái láeo	ใช้แล้ว
worn out	khàat láeo	ขาดแล้ว
worried	kangwon	กังวล
wound	bàat phlăeh	บาดแผล
wrap	hàw	ห่อ

wrench, spanner	kuncaeh pàak tai	กุญแจปากตาย
wrist	khâw mueh	ข้อมือ
write	khĭan	เขียน
write down	còt long pai	จดลงไป
writing pad	kradàat chìik	กระดาษฉีก
writing paper	kradàat khĭan còt măi	กระดาษเขียนจดหมาย
wrong	phìt	ผิด

Y

yarn (thread)	dâi	ด้าย
year	pii	ปี
yellow	lŭeang	เหลือง
yes (that's right)	châi	ใช่
yes (female speaking)	khâ	ค่ะ
yes (male speaking)	khráp	ครับ
yes please (female)	ao khâ	เอาค่ะ
yes please (male)	ao khráp	เอาครับ
yesterday	mûeawaan níi	เมื่อวานนี้
you	khun	คุณ
youth hostel	hăw phák yao-wachon	หอพักเยาวชน

Z

zip	síp	ซิป
zoo	sŭan sàt	สวนสัตว์

Grammar guide

Grammar is basically sentence or language 'rules,' and knowing a few basic rules will allow you to create language that communicates. The best thing about Thai is that it follows the English pattern of 'subject–verb–object', where subjects and objects are mainly nouns and pronouns and the verbs tell what these are doing or what action is being performed. We'll have a look at these separately.

Parts of speech

Nouns. Thai nouns do not have an article ('a' or 'the') and there is no plural form (made in English by adding an 's' in the main). A noun names the person or thing as well as people or things. For example, 'a book' is năngsŭeh, as are 'books' and 'the books.' You might think that this will be confusing, but Thai has ways of suggesting number, the main one being the use of a noun's *classifier*. Every noun has a classifier that allows us to count it. A simple rule is 'noun–number–classifier.' Say we are counting books on a shelf; now the classifier for books is lêm, so one book would be năngsŭeh nùeng lêm; two books năngsŭeh săwng lêm; ten books năngsŭeh sìp lêm, and a million books năngsŭeh láan lêm! Several common nouns are their own classifier, so it's not that hard: săwng khon (two people), hâa ráwi bàat (500 baht).

Pronouns. The main pronouns you'll need are phŏm (use if you're male) and dichán (use if you're female) for 'me,' 'I' and 'my.' For 'we,' 'us' and 'our,' use raw, but be careful with this as it might show unintended superiority. For 'he,' 'she,' 'they,' 'his,' 'her' and 'their,' use kháw, e.g. năngsŭeh kháo (his/her/their books); kháo châwp (he/she/they like [it]). For 'you,' use khun, e.g. chán hâi khun (I give/gave it to you). Thais use pronouns in different ways depending on the relationship of the speaker to the person they are talking to. An older Thai will call him or herself phîi, while addressing the younger as náwng. Be aware of the use of status words too like aachaan (teacher) or măw (doctor) used for 'I' or 'me' when a teacher or doctor addresses students or patients. The simplest thing is to use phŏm if you're male or dichán if you're female.

Adjectives. In Thai the adjective comes after the noun it describes, so 'a hot day' becomes 'day hot' or wan ráwn (of course it's nearly always hot in Thailand!). Adjectives in English which are coupled with the verb 'to be' to make verbs function as verbs in Thai, and the 'to be' should be left off, e.g. 'to be hot' is ráwn, as are the various forms of that verb—it's hot, I'm hot, we're hot—are all said as ráwn!). An added noun or pronoun will make the meaning clearer, but it often isn't necessary.

Verbs. The verb is the most important part of speech in Thai, as a sentence can be just a verb (as you'll have seen with ráwn). The verb 'to go' is pai. I go, we go, you go, he goes, she goes, and they go are all given as pai. But to mark tense (past, present and future), Thais often use helping words, although context is an indicator too.

For past, add láeo to the verb: pai láeo (we've gone, she's gone, it's gone); tham láeo (we've made it now, he's done it, it's finished already) where tham means to do or to make. Note that láeo is close to the use of 'already.' There are other ways of indicating the past, such as adding a 'timeframe,' such as mûeawaan (yesterday); hòk mohng (at six o'clock); aathít thîi láeo (last week): e.g. phŏm/dichán pai mûeawaan (I went yesterday).

For the present, the verb is often left as is, e.g. phŏm/dichán pai thîao (I'm going out); kháo àan năngsŭeh phim (She reads/she's reading the paper). To better show someone is presently doing something, Thais add kamlang before the verb: kamlang rian phaasăa thai (I'm studying Thai); kháo kamlang thaan aahăan yen (they're having dinner).

For the future, use ca before the verb: ca pai chiang mài (I'm going to Chiang Mai). Even add a timeframe to emphasize *when*: ca pai chiang mài phrûng níi (we're off to Chiang Mai tomorrow). Note that the timeframe can normally go at the start or the end of a sentence: phrûng níi ca pai chiang mài (Tomorrow we're going to Chiang Mai)—its position is only one of emphasis to show *when* or *who* more clearly (as in English).

A final tip

Thai is full of English loan words, although they are pronounced the Thai way, and may not even sound like English! You will have seen kéhs-háo in the patterns above, a word that is often used for ruean ráp rawng, and it's more trendy. So, if you don't know the name of something, try to 'Thai-ify' its English name, e.g. bin (bill), ruum soehwít (room service), bráekfâas (breakfast). Many brand names should be said the 'Thai way' too, e.g. Fanta becomes faehtâa, and Pepsi páepsîi. It's often the Thai-ified English words that catch you out when you talk with a Thai—they're the ones you don't expect!